Walter Rügert

Jan Hus

Auf den Spuren des böhmischen Reformators

Südverlag

Inhalt

Skulptur von Jan Hus vor der Ruine von Krakovec.

Eine Reformation der Kirche „an Haupt und Gliedern“

Einleitung

Was ist die Kirche? Die Menschen des Urchristentums hatten auf diese Frage eine ganz andere Antwort als die Gläubigen des Mittelalters. Und Theologen und Theologinnen der Gegenwart diskutieren darüber ganz anders als noch ihre Kollegen vor 200 Jahren. Was eine Kirche ist, was sie darstellt und ausmacht, das war immer schon historisch geprägt und blieb Veränderungen in der Geschichte unterworfen – Veränderungen, die oftmals das Ergebnis langwieriger Kriege und blutiger Konflikte waren, wie zum Beispiel des Dreißigjährigen Krieges, der die Menschen Mitteleuropas für viele Jahre fest im Griff hatte.

Wer immer im Laufe der Geschichte die Macht besaß zu definieren, was „die Kirche“ ist, gab damit zugleich auch vor, was sie nicht ist. Die Identität der Kirche bestimmte sich über Jahrhunderte als Identität des Siegers im historischen Prozess. Das entließ die Kirche aber nicht aus der Aufgabe, dass sie ihr Handeln an ihrer Lehre messen lassen musste oder die Lehre sogar auf ihre Richtigkeit abgeklopft wurde: „Seit es Kirche gab, gab es auch Kirchenkritik.“[1] Kirchenkritik konnte ein Moment der Reform sein, ein nötiger Impuls der Wandlung und Erneuerung. Kirchenkritik konnte aber auch als Gefahr gesehen werden für den Status quo und die eigenen Legitimitätsansprüche, als Gefahr, die es daher entschieden zu bekämpfen galt. Beide Momente sind exemplarisch mit der Gestalt des böhmischen Reformators Jan Hus verbunden – und mit einem wichtigen Kapitel der Kirchengeschichte im Übergang vom 14. zum 15. Jahrhundert.

Für den 6. Juli 1415 notierte Ulrich Richental in seiner Chronik des Konstanzer Konzils: „Am Freitag nach Sankt-Ulrichs-Tag, dem achten Tag im Heumond, gab es wieder eine allgemeine Session mit allen Geistlichen. Auch unser Herr, der Römische König, war dabei, ebenso Herzog Ludwig von Bayern-Heidelberg und viele andere weltliche Fürsten und Herren. Die Versammlung begann morgens um die sechste Stunde.“[2]

Mit der „Session“ war die Vollversammlung im Münster gemeint, auf der wichtige Angelegenheiten des Konzils besprochen und entschieden wurden. Begonnen hatte das Konzil bereits im November 1414. Es war auf Initiative von König Sigismund einberufen worden, um drei Ziele zu erreichen: die Beseitigung der Kirchenspaltung (*causa unionis*), die Bekämpfung der Ketzerlehren (*causa fidei*) und die Reformation der Kirche „an Haupt und Gliedern“ (*causa reformationis*).[3]

Das dringlichste Ziel schien die Überwindung der Kirchenspaltung: Seit 1378 gab es zwei Päpste, nach dem Pisaner Konzil von 1409 sogar drei, von denen jeder für sich in Anspruch nahm, der rechtmäßige Stellvertreter Christi auf Erden zu sein, und von denen auch jeder eine Gefolgschaft unter den weltlichen Herrschern nachweisen konnte.

Am 6. Juli stand nun ein besonderes Ereignis auf der Tagesordnung: die Verurteilung von Jan Hus als Ketzer. Hus war im Oktober 1414 nach Konstanz gekommen, um hier seine Vorstellungen einer Kirche zu präsentieren und zu versuchen, die Kirchenväter von der Rechtmäßigkeit seiner Ansichten und Schriften zu überzeugen. Obwohl er mit einem Geleitbrief des Königs ausgestattet war, wurde Hus bald nach seiner Ankunft in Konstanz verhaftet, eingekerkert und verschiedenen Verhören unterzogen. Da er sich außerstande sah, seine Ansichten zu widerrufen, setzte das Konzil Hus’ reformerischen Bemühungen durch die Anklage der Häresie und den damit drohenden Tod durch das Feuer ein Ende. Der Ablauf für die Sitzung im Münster folgte einem fest vorgegebenen

Das Jan-Hus-Denkmal am Altstädter Ring in Prag von Ladislav Šaloun.

Ritual, das nach Hus' Verurteilung und seiner Degradierung als Priester seine Übergabe an die weltliche Macht beinhaltete, die Hus noch am selben Tag als Ketzer vor den Toren der Stadt auf dem Scheiterhaufen verbrannte.

Wie immer man den Prozess gegen Hus wertet – als gerechtes Verfahren oder als Justizmord[4]: Das Urteil war ein Zeichen, dass die Kirche tieferreichende Reformbemühungen im Keim ersticken wollte. Das Konzil erreichte zwar die Überwindung des Schismas, aber Reformen wurden nur wenige umgesetzt. Die *causa reformationis* erwies sich als Enttäuschung.

Es dauerte noch hundert Jahre, bis sich die Reform der Kirche nicht mehr weiter verhindern ließ. Mit den Wittenberger Thesen von Martin Luther wurde ein Prozess in Gang gesetzt, der die Kirchenlandschaft fundamental veränderte. Luther stützte sich anfangs zwar nicht auf Jan Hus; doch als er sich intensiver mit Hus beschäftigte, sah er in ihm durchaus einen Vorläufer seiner eigenen Bemühungen.

Das vorliegende Buch stellt eine kurze Einführung zu Leben und Werk von Jan Hus dar. Es beschreibt zum einen die wesentlichen Stationen seines Lebens: Hus' Wirken in der Bethlehemskapelle in Prag und an der Universität, sein Exil auf dem Land, die Reise nach Konstanz und den Prozess auf dem Konstanzer Konzil. Zum anderen skizziert das Buch die Entwicklungslinien nach dem gewaltsamen Tod von Jan Hus: die hussitische Bewegung und die Kreuzzüge gegen die Hussiten, das Verhältnis von Luther zu Hus, die Gegenreformation, die wechselhaften Vereinnahmungen von Hus durch politische Strömungen, das kirchliche Erbe und schließlich die Erinnerungskultur zu Jan Hus.

IOAN HUSSUS BOEMUS Acad. Pragen. Theo
Canibus & dulci vincens, modulamine cignos,
Rex inter cignos canditus anser erat

EFFIGIES
CONSTANTIS MARTYRIS IOHANNIS HVSSI.
Pectamen fidei, constantia Martyris, ad se
Cunctorum ora tuentum obstupefacta trahant.

H. fecit
IOANNES HVSSVS BOHEMVS.
Cæsaris huic violata fides, damnatus iniquè est
Vir pius et veræ religiones amans.
Nonne (inquit) lapsos post centum iugiter annos
Danda deo ratio est impia turba tibi?
Cum priuil.

IOHANNES HUSSUS
BOHEMUS, ACADEMIÆ PRAGENSIS
THEOLOGUS ET IN TEMPLO BETLEHEMITICO
IBIDEM CONCIONATOR.
Natus in Hussenitz d. 6 Julij Anno 1373. Crematus in Concilio
Constantiensi D. 6 Julij Anno 1415.
Martyr habitus à Bohemis, vindicatus
longo et diro Hussitarum bello.

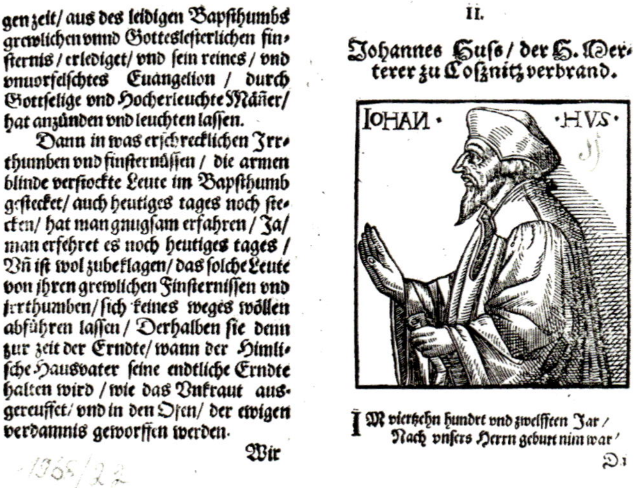

gen zeit/ aus des leidigen Bapsthumbs grewlichen vnnd Gotteslesterlichen finsternis / erlediget/ vnd sein reines / vnd vnuorfelschtes Euangelion / durch Gottselige vnd Hocherleuchte Mäñer/ hat anzünden vnd leuchten lassen.

Dann in was erschrecklichen Irrthumben vnd finsternüssen / die armen blinde verstockte Leute im Bapsthumb gestecket/ auch heutiges tages noch stecken/ hat man gnugsam erfahren / Ja/ man erfehret es noch heutiges tages / Vñ ist wol zubeklagen/ das solche Leute von jhren grewlichen Finsternissen vnd jrrthumben/ sich keines weges wöllen abführen lassen / Derhalben sie denn zur zeit der Erndte/ wann der Himlische Hausvater seine endtliche Erndte halten wird / wie das Vnkraut ausgereuffet/ vnd in den Ofen/ der ewigen verdamnis geworffen werden.

Wir

1365/22

II.

Johannes Huss / der H. Merterer zu Coßnitz verbrand.

IM viertzehn hundert vnd zwelfften Jar /
Nach vnsers Herrn geburt nim war /

D i

Abbildungen von Jan Hus: Der böhmische Reformator ist auf den in späteren Jahrhunderten entstandenen Porträts meistens mit Spitzbart dargestellt, den er allerdings niemals hatte.

„Als Schüler hatte ich vor, bald Priester zu werden“

Die frühen Jahre von Jan Hus

Jan Hus wurde im südböhmischen Dorf Hussinetz (tschech. „Husinec“) geboren.[5] Sein Geburtsjahr ist nicht genau bekannt, vermutlich ist es 1370 oder 1371. Nach seinem Geburtsort nannte er sich später Jan (Johannes) Hus de Hussynec. Seine Familie lebte in einfachen Verhältnissen. Neben Jan hatten die Eltern offenbar noch einen weiteren Sohn.

Hus besuchte zunächst die Lateinschule im Nachbarort Prachatitz. Bereits damals hatte er den Wunsch, bald Priester zu werden, „um eine Wohnung und Kleidung zu haben und von den Menschen geschätzt zu werden“, wie er später rückbli-

Das Jan-Hus-Denkmal in Husinec.

ckend bekannte, doch zu seinen Motiven gleich selbstkritisch bemerkte: „Aber dieses böse Begehren erkannte ich, sobald ich die Schrift verstanden hatte.“[6] Eine Laufbahn als Priester bildete für Kinder aus den unteren sozialen Schichten oftmals die einzige Möglichkeit, gesellschaftlich aufzusteigen.

Vermutlich um 1390 kam Jan Hus nach Prag, um an der Universität zu studieren. Er begann ein philosophisches Studium an der sogenannten Artistenfakultät, deren Grundstudium die sieben Grundkünste Grammatik, Dialektik, Rhetorik, Arithmetik, Geometrie, Astronomie und Musik umfasste.

Da Hus als Student sehr arm war, fand er vielleicht Unterkunft im *Collegium pauperum*, einem Haus in der Altstädter Pfarrei St. Valentin. Möglicherweise war er aber auch Famulus eines Magisters, also eine Art Hilfsassistent, der einem Magister zuarbeitete und dafür Kost und Logis erhielt.

Als Kandidat für die Bakkalarprüfung, den ersten akademischen Grad, hatte Hus zunächst zwei bis drei Jahre zu studieren. Zu seinen Kontakten in dieser Zeit zählten Christian von Prachatitz, der ihn wohl an die Universität holte, Stephan Paletsch, Jakobell von Mies und Hieronymus von Prag, die alle in seinem Leben noch eine wichtige Rolle spielen sollten. Aus dem Lehrkörper machte Hus Bekanntschaft mit Magister Nikolaus von Leitomischl sowie mit Johann von Maut, dem späteren Rektor der Prager Universität und seinem Förderer, außerdem mit Stanislaus von Znaim, zu dem sich zunächst ein freundschaftliches Verhältnis entwickelte und der ihn in manchem beeinflusste.

Im September 1393 erhielt Hus den Titel eines *baccalaureus artium*, was die erste Stufe seiner akademischen Laufbahn bedeutete. Nach der erfolgreich absolvierten Prüfung hatte Hus künftig an Disputationen teilzunehmen und auch selbst zu unterrichten, bis er 1396 das Studium schließlich mit dem Titel eines *magister artium* abschloss. Nach einer zweijährigen Wartezeit wurde Hus ordentliches Mitglied im Magistergremium der

Artistenfakultät, Voraussetzung, um als Prüfer von Bakkalaren bestellt werden zu können, was für Hus auf Ende 1398 erfolgte.

Mit der Mitgliedschaft im Magistergremium und der Bestellung zum Prüfer veränderte sich für Hus auch seine materielle Situation. Er gehörte nun zum Lehrkörper der Universität und erhielt als Hochschullehrer eine – wenn auch recht geringe – finanzielle Unterstützung. Hus hätte nun die Alternative wählen können, an einer der Lateinschulen des Landes als Lehrer zu unterrichten. Parallel zu seiner Arbeit als Hochschullehrer begann er allerdings ein Studium der Theologie. Ungewöhnlich war dieser Weg keineswegs, bildete doch das Artistenstudium als Grundstudium die notwendige Voraussetzung, um überhaupt Theologie studieren zu können.

Für diese Zeit ist auch eine Reise belegt, die Hus 1397/98 ins Ausland unternahm, seine einzige Auslandsreise übrigens vor seinem späteren Aufbruch zum Konstanzer Konzil. Im Namen der Universität begleitete Hus eine von König Wenzel

Gedächtniszimmer im Geburtshaus von Jan Hus in Husinec.

Das Geburtshaus von Jan Hus in Husinec.

geleitete Delegation, die ihn ins Rheinland führte. Die Teilnahme an der Delegation könnte bedeuten, dass sich Hus bereits zu diesem Zeitpunkt beträchtliches Ansehen an der Prager Hochschule erworben hatte.

An der Universität liefen fortan die Lehrtätigkeit und das Studium der Theologie parallel. Dass sich Jan Hus an der Artistenfakultät sehr gut entwickelt haben muss, zeigt sich daran, dass er für das Wintersemester 1401 zum Dekan der Fakultät gewählt wurde. Auch im theologischen Studium ging es vorwärts: Bis 1404 erreichte Hus mit dem Titel eines *baccalaureus cursor* die erste Stufe eines Theologen, darauf folgte 1407 der Titel eines *baccalaureus sentiarius* und 1409 schließlich die Stufe des *baccalaureus formatus*, mit dem Hus als voll ausgebildeter Bakkalar galt. Das Theologiestudium endete in der Regel mit dem Abschluss eines Magisters, doch mit diesem Grad hat Hus nicht abgeschlossen. Für ihn hatte sich nämlich während seines Studiums noch eine andere Tätigkeit ergeben, die ihn im Laufe der nächsten Jahre zunehmend in Anspruch nehmen und seine Aufmerksamkeit und sein Engagement erfordern sollte: die Stelle eines Predigers in der Bethlehemskapelle.

„Gott gebe dir das himmlische Königreich“

Erste Wyclif-Rezeption

Die Universität in Prag war zur Zeit von Jan Hus mit Bologna, Florenz, Paris und Oxford eine der wichtigsten Universitäten in Europa. Sie war 1348 vom römisch-deutschen und böhmischen König und späteren Kaiser Karl IV. als erste Universität in Mitteleuropa gegründet worden.[7] Durch Karl IV. wurde Böhmen zum Kernland des Heiligen Römischen Reiches und Prag zu dessen Hauptstadt. Unter Karls Herrschaft und der seines Sohnes Wenzel IV. erlebte die Stadt in der zweiten Hälfte des 14. Jahrhunderts sowohl wirtschaftlich als auch politisch und kulturell eine Blütezeit. Karl IV. leite-

te den Bau des Veitsdomes ein, ließ die Karlsbrücke über die Moldau errichten und begann mit dem Bau der Prager Neustadt. Prag erlebte den Ausbau als eines der wichtigsten geistigen und kulturellen Zentren seiner Zeit. „Praga Caput Regni", ‚Prag Hauptstadt des Reiches', lautet heute noch eine Inschrift am Altstädter Rathaus.

Bei der Etablierung der Universität orientierten sich die Gründer an der Pariser Universität. Nach ihrem Vorbild erfolgte die Lehre in den vier klassischen Fakultäten, nämlich Theologie, Jura, Medizin und den Artes. Die Magister und Studenten waren vier sogenannten „Nationes" zugeordnet: Böhmen, Polen, Bayern und Sachsen. Diese „Nationes" bedeuteten jedoch keine nationalen Bezeichnungen im heutigen Sinne, sondern gaben lediglich eine geografische Richtung vor.

Ansicht von Prag aus der Schedelschen Weltchronik von 1493:
Es handelt sich um die älteste Stadtansicht Prags.

Trotz der damals noch nicht sehr ausgeprägten Hochschullandschaft und der großen Entfernung zwischen den einzelnen wenigen Universitäten waren durchaus schon Verbindungen zwischen den Hochschulen zu verzeichnen. So war es durchaus üblich, dass Studenten zwischen Oxford und Paris oder zwischen Paris und Prag wechselten und dadurch zur Verbreitung des Wissens und einem frühen europäischen Bildungsaustausch beitrugen. Ein intensiverer Austausch entwickelte sich im 14. Jahrhundert vor allem zwischen Prag und Oxford. Hier spielte zunächst die Heirat zwischen Anna, der Schwester des böhmischen Königs Wenzel IV., mit dem englischen König Richard II. eine wichtige Rolle, in deren Folge sich die Kontakte zwischen England und Böhmen verstärkten.[8] Hinzu kam der glückliche Umstand, dass der aus Böhmen stammende Theologe Adalbert Rankonis de Ericinio ein Stipendium für böhmische Studenten in Oxford gestiftet hatte, was den Austausch zwischen den beiden Universitäten ebenfalls begünstigte.

Die Verbindungen zwischen der englischen Universität und der Prager Universität bedeuteten nicht nur erweiterte Bildungsmöglichkeiten, sondern brachten auch Ideen nach Prag, die – wie sich zeigen sollte – eine ungeahnte intellektuelle Sprengkraft entwickelten: die Schriften des radikalen Reformers John Wyclif. Dessen Bücher und Traktate sorgten

Jan-Hus-Denkmal in der Karls-Universität in Prag.

Der Kapellenerker des Prager Karlskollegs (um 1385).

in Böhmen nicht nur für einen handfesten akademischen Streit, sondern beflügelten auch die Entstehung einer Reformbewegung, die – später vor allem durch die Reformgruppe um Jan Hus – auch in die Gesellschaft hineinwirkte.

Zu den Aufgaben von Jan Hus als Magister gehörte es auch, eigene Vorlesungen für die Studenten zu halten. Aus dieser Zeit sind Handschriften erhalten, die zeigen, dass sich Hus dabei auch mit den Schriften Wyclifs beschäftigte. 1398 fertigte er Abschriften mehrerer lateinischer Traktate des englischen Theologen an, die offenbar der Vorbereitung seiner Vorlesung dienten. Die Abschriften belegen auch, dass die Wyclif-Lektüre offenbar einen starken Eindruck auf Hus machte. So enthalten sie mehrere Randbemerkungen von ihm, die seine Begeisterung offenbaren: „Lieber Wyclif, Gott gebe dir das himmlische Königreich" oder „O Wyclif, nicht nur mir verdrehst du den Kopf", notierte Hus etwa. „Die Randbemerkungen zeigen, dass Hus offenkundig eine Art Initialzündung erlebte, die sein weiteres Leben entscheidend verändern sollte. Dies war sozusagen seine Ausgangsstellung, seine innere Glückseligkeit, aber auch seine spätere Tragik!"[9]

„Dem Papst gehört mehr als das halbe Imperium“

Der englische Reformator John Wyclif

Der englische Theologe John Wyclif – „wohl der radikalste Kirchenkritiker des 14. Jahrhunderts“[10] – wurde 1320 in Yorkshire geboren. Er studierte in Oxford und lehrte später dort auch Theologie. Wyclif kritisierte die etablierte römische Kirche in vielen Punkten. Er wandte sich gegen die erzwungene Ehelosigkeit der Priester, gegen die Heiligenverehrung und das Ablasswesen. Wyclif propagierte eine Enteignung der Kirche, die ohne weltlichen Besitz und Grundherrschaft ihrer Aufgabe unter dem Schutz der weltlichen Herrschaft nachgehen sollte. Hier hob er auch die Armut Christi, der seinen Aposteln keine weltlichen Güter zugedacht hatte, als Vorbild hervor. So heißt es in einer Schrift: „Christus hatte nicht einmal einen Ort, wo er sein Haupt hinlegen konnte, doch dem Papst gehört mehr als das halbe Imperium (…). Christus war demütig, der Papst sitzt auf einem Thron und weltliche Herren müssen seine Füße küssen“.[11]

Vor allem Wyclifs abweichende Haltung zur Frage der Eucharistie stieß bei der Kirche auf Kritik. Während die Kirche lehrte, dass sich bei der Weihe die Elemente Brot und Wein in Leib und Blut Christi wandelten, verneinte Wyclif in seiner sogenannten Remanenzlehre die Möglichkeit einer solchen Wandlung. Die Substanz des Brotes blieb seiner Auffassung nach erhalten, der „Leib Christi“ werde der „Substanz“ nur hinzugefügt.[12] Außerdem würden die Elemente nur wirken bei der richtigen Einstellung der Austeilenden und Empfangendenen. Statt der Sakramente stellte Wyclif die Bibel in den Mittelpunkt der Verbindung, denn die Bibel verwandle die Menschen. Jeder Mensch stehe mit Gott direkt in Verbindung.

Skulptur von John Wyclif: Ausschnitt aus dem Luther-Denkmal in Worms.

Mit dieser Auffassung berührte Wyclif die Fundamente der etablierten Kirche, die damit ihre Legitimität in Gefahr sah. 1377 wurde Wyclif wegen Häresie vor eine Kirchenversammlung in der St.-Pauls-Kirche zitiert, doch durch den Schutz des Herzogs John of Gaunt blieb er unbehelligt. Auch eine Bulle des Papstes Gregor XI. und dessen Aufforderung an den Kanzler der Universität Oxford, Wyclif einzukerkern, erwies sich als nicht durchsetzbar.

Erst 1382 gelang es dem neuen Primus von England, Erzbischof Cortenay, Wyclif im Gefolge von Unruhen in England zu isolieren und kalt zu stellen. Cortenay ließ 24 Thesen von Wyclif verurteilen und befahl dem Kanzler der Universität, jede weitere Lehre und Predigt Wyclifs zu unterbinden. Nach einem Schlaganfall starb Wyclif 1384 in der Pfarrei Lutterworth.

In Prag fiel die Rezeption der Schriften von John Wyclif seit den späten 1390er-Jahren auf fruchtbaren Boden, wie heute noch die Zahl der mittelalterlichen Handschriften zeigt: 12 von 15 überlieferten Handschriften sind böhmischer Herkunft.[13]

John Wyclif. Kupferstich von James Hopwood (1810).

Es waren zunächst Stanislaus von Znaim, der Lehrer von Hus, und Stephan Paletsch, die die Schriften Wyclifs an der Prager Universität behandelten und verteidigten, wobei sich recht bald eine Frontstellung zwischen der böhmischen Nation als Wyclif-Anhängerin und der deutschen Nation als Wyclif-Gegnerin herauskristallisierte. „Es deutet vieles darauf hin, dass die Rezeption der philosophischen Katergorien Wyclifs den Magistern der Natio Bohemica die Gelegenheit eines doktrinalen Abweichens gegenüber der Mehrzahl der deutschen Nominalisten bot und die Möglichkeit eröffnete, in der Lehre an der Universität ein eigenes Profil zu entwickeln“.[14] National gefärbte Spannungen waren am Ende des 14. Jahrhunderts in etlichen Städten Böhmens zu verzeichnen. Gegenüber dem politisch-ökonomischen Einfluss des deutschen Stadtpatriziats, das sich seit dem 12. und 13. Jahrhundert aus dem Zustrom von Kolonisten aus dem Westen herausgebildet hatte, entwickelte sich in dieser Zeit allmählich ein nationales tschechisches Bewusstsein, das sich in Böhmen innenpolitisch und gesellschaftlich zu artikulieren begann. An der Universität verband sich der politische Gegensatz mit einer wissenschaftstheoretischen Auseinandersetzung.[15]

Gegen „die fetten Mönche des Herrn“

Prediger in der Bethlehemskapelle

Zunächst jedoch verlief das Leben von Jan Hus noch in den geregelten Bahnen des akademischen Geschehens. Er nahm verschiedene Funktionen in der Artistenfakultät wahr, auch Privatvorlesungen standen ihm zu. Belegt sind vor allem zahlreiche Promotionen durch Hus, das heißt von ihm vorgenommene Prüfungen von Examenskandidaten und ihre Graduierung. Rund 35 Schüler soll er zur Prüfung geführt und ihnen das Examen abgenommen haben.

Zwischen 1400 und 1401 erhielt Jan Hus die Priesterweihe. Wie bei anderen Magistern, die zum Priester geweiht wurden, gehörte von nun an auch die Tätigkeit als Prediger zu seinen Pflichten, im universitären Rahmen zum Beispiel bei Universitätsmessen oder an Feiertagen. Außerhalb der Universität predigte Hus zunächst in der Kirche St. Michael in der Altstadt, später auch in der Teynkirche am Altstädter Ring.

Auch wenn das Predigen fortan zu seinen festen Aufgaben zählte, empfand er es keinesfalls als bloße Pflichtübung. Im Gegenteil – Hus sah die Aufgabe des Predigers als innere Berufung an oder modern gesprochen: „Er verwirklichte sich selbst durch seine Predigttätigkeit.“[16] Und Hus meisterte die Aufgabe so gut, dass er bereits nach relativ kurzer Zeit eine dauerhafte Stelle zuerkannt bekam: Am 14. März 1402 erhielt er durch den erzbischöflichen Generalvikar die Ernennung zum Rektor und Prediger der Bethlehemskapelle. „Bethlehem sollte zu Hussens Lebensaufgabe werden, die dortige Kanzel zu seiner wichtigsten Wirkungsstätte in Prag.“[17] Und die Stelle bedeutete natürlich auch eine sichere Existenz.[18]

Eine Besonderheit der Bethlehemskapelle bestand darin, dass in ihr auf Tschechisch gepredigt wurde – die gängige Kirchensprache war bislang auch in Prag Latein gewesen. Beachtlich war auch die Größe der Kapelle: Mit ihren annähernd 800 Quadratmetern konnte sie rund 3 000 Besucher fassen. Nach den Bestimmungen der Gründungsurkunde hatte Hus jährlich 200 Predigten zu halten. In den zehn Jahren seiner Tätigkeit in der Kapelle kam er damit auf gut 2 000 Predigten. Die Zuhörer von Hus repräsentierten alle Teile der Prager Bevölkerung: Handwerker und Gesellen, arme und vermögende Bewohner bis hin zum königlichen Hof. Auch König Wenzels Frau Sophie von Wittelsbach soll zu den Besuchern gezählt haben.[19]

Die Predigten von Jan Hus waren thematisch breit gefächert und deckten das gesamte Kirchenjahr ab, angefangen von Heiligen- und Fastenpredigten bis hin zu biblischen Lesungen und Auslegungen der vorgegebenen Schrifttexte. Hus baute die Predigten geschickt auf und legte viel Wert auf eine anschauliche Vermittlung durch nachvollziehbare Vergleiche, erbauliche Geschichten und überzeugende Beispiele. Zitate von Autoritäten der Kirchengeschichte wie Aurelius Augustinus oder Johannes Chrysostomus dienten ihm dazu, die Themen in einen anerkannten Kontext zu stellen und zu begründen.

Einen zentralen Stellenwert nahmen Ausführungen zu aktuellen kirchenpolitischen Ereignissen ein. Hier standen bei Hus vor allem die Ausführungen zu Missständen in der Kirche im Mittelpunkt. Diese Kritik am Lebenswandel der Kleriker war bei Jan Hus von Beginn seiner Predigertätigkeit an präsent. Dass er mit seiner Forderung nach einer Änderung und Erneuerung der Kirche ein Thema ansprach, das auch für seine Zuhörer einen bedeutenden Stellenwert besaß, zeigen die großen Besucherzahlen in der Bethlehemskapelle sowie die Resonanz auf seine Predigten: „Seine Zuhörer spürten sehr rasch, dass sie einem Prediger lauschten, der sie, den bisherigen Reform- und Emanzipationsbestrebungen treu ergeben, auf der

Bethlehemskapelle in Prag. Die Kapelle wurde 1391 vom Kaufmann Jan Kříž und dem Mitglied des königlichen Rats Johannes von Mülheim gestiftet. Die Gründungsurkunde enthält die Bestimmung, dass in der Kapelle auf Tschechisch gepredigt werden soll.

einmal eingeschlagenen Bahn weiterführte, weder Hindernisse fürchtete noch vor Gefahren zurückschreckte, und sie mit der ganzen Aufrichtigkeit dorthin geleitete, wohin die Bewegung von alters her zielte, wohin sie gleichsam gelangen musste."[20]

Solche kirchenkritischen Äußerungen bedeuteten zunächst nichts Ungewöhnliches, sondern besaßen in Böhmen eine gewisse Tradition. So gab es bereits seit 1360 Ansätze einer Kirchenkritik und Reformbestrebungen, die sich mit den Zuständen in der Kirche auseinandersetzten.[21] Bereits während der Zeit Karls IV. wandte sich der Prediger Konrad von Waldhausen (1325–1369) in scharfen Worten gegen grassierende Untugenden und Tendenzen, unter dem Deckmantel der Armut weltliche Reichtümer anzusammeln. Johann Militsch von Kremser (1320/25–1374) predigte an mehreren Kirchen in Prag, propagierte die Armut als Ideal christlichen Lebens und forderte eine Rückkehr zur Urkirche. Mathias von Janov (1355–1393) schließlich attackierte als wortgewaltiger Prediger das Mönchstum und vor allem die Bettelorden, die ihm unnütz erschienen.

Wie übersteigert diese Ansätze im Einzelnen auch immer gewesen sein mögen: Auch die etablierte Kirche erkannte, dass es mit ihren Einrichtungen nicht überall zum Besten stand. Ein bezeichnendes Bild ergab eine von 1379 bis 1382 durchgeführte Inspektion von zehn Dekanaten des erzbischöflichen Sprengels. Die Verfehlungen reichten von Geistlichen, die Sakramente nur gegen Geld spendeten, über die Vernachlässigung des Gottesdienstes bis hin zur Feststellung, dass 42 % der Geistlichen im Konkubinat lebten.[22]

Dass sich Jan Hus mit seiner Kritik an Missständen in der Kirche in dieser Zeit durchaus noch im Rahmen des Üblichen und Tolerierten bewegte, zeigt sich auch in der kurzen, episodischen Kooperation zwischen Hus und dem neuen Prager Erzbischof Zbynek von Hasenburg, der sich um eine Ordnung der Verhältnisse in seinem Bistum bemühte. Hus erhielt den

Auftrag, Erkenntnisse zu melden, die sich gegen die Kirchenverwaltung richteten. Auch wurde er in eine dreiköpfige Kommission berufen, die das „Blutwunder von Wilsnach" untersuchen sollte, in dieser Zeit das fünftbedeutende Wallfahrtsziel des Abendlandes. Die Kommission entlarvte das Wunder als Betrug, worauf die Wallfahrten verboten wurden.

Das hohe Ansehen von Hus als Prediger und Universitätsangehörigem zeigt sich nicht nur in solchen Aufträgen, sondern deutlicher noch darin, dass Hus 1405 und 1407 wiederholt zum Synodalprediger berufen wurde.[23] Im Erzbistum Prag wurden in der Regel zweimal jährlich Diözesansynoden einberufen. Im Mittelpunkt der Synoden standen Themen, die sich mit der Lebensführung und der Kompetenz der Kleriker befassten. Entsprechend sollten die gehaltenen Predigten auf eine Besserung der Zustände in der Kirche abzielen, also durchaus mahnenden und appellativen Charakter haben.[24] Hus nahm in beiden Reden den Faden der Kritik auf und zeichnete den moralischen Verfall der Kirche in dunklen Farben: Er geißelte die Unzucht und den Geiz von Priestern, die das Volk durch Spenden für die Kirche beraubten. Sie trügen prächtige Kleider, würden das Brot jedoch lieber ihren Jagdhunden geben als den Armen in den Gassen. Die „fetten Mönche des Herrn" täuschten Armut vor, erbettelten sich aber Kirchen mit reichen Einkünften. Noch schlimmer als Prunksucht, Unzucht und Geiz sei – so Hus – die Simonie, der Kauf oder Verkauf von kirchlichen Ämtern oder Pfründen. Viele Geistliche würden mit ihren Ämtern einen gewinnbringenden Handel treiben und nicht wenige die Gläubigen zu Zahlungen zwingen, indem sie ansonsten etwa die Bestattung ihrer toten Angehörigen verweigerten.

Auch in der zweiten Synodalpredigt zeichnete Hus ein kritisches Bild der Kirche und ihrer Priesterschaft: Er kritisierte den Missbrauch von Brüderschaften, außergewöhnliche Ablässe, falsche Reliquien und farbige Bildchen als Einnah-

Blick in die Bethlehemskapelle. Im 19. Jhd. entstand an ihrer Stelle ein Mietshaus. In den 1950er-Jahren wurde die Kapelle wieder aufgebaut und 1954 eröffnet.

mequellen. Viele Priester – so Hus – übten ihr Amt nur aus Profitgier oder Ruhmsucht aus. Solche „Gefräßigen“ und „Unzüchtigen“, dies stand für Hus fest, seien Ketzer, die mit der Kirche nichts zu tun hätten.

Der Angriff auf die Priesterschaft und die Machenschaften in der Kirche wurden von den Anwesenden nicht nur meistenteils ungerührt aufgenommen, Hus erfuhr sogar Lob. „Hus trat hier als Exponent der Klerusreform auf, um welche man sich in Böhmen bereits seit zwei Generationen bemüht hatte.“[25] Die Kritik an der Moral der Priester war insofern nichts Ungewöhnliches. Ungewöhnlich war allerdings, dass Hus in seiner Synodalpredigt neben seiner Kirchenkritik bereits das Kirchenverständnis von Wyclifs „Gemeinschaft der Prädestinierten“ propagierte – doch das wurde offenbar noch nicht bemerkt.[26]

Auch wenn sich Hus’ Kirchenkritik größtenteils noch in den etablierten Bahnen bewegte, rückte er allmählich an die Spitze der Reformer. Hier kam auch seiner Doppelfunktion, nämlich Prediger in der Bethlehemskapelle und Angehöriger der Universität, eine besondere Bedeutung zu: „Die Verbindung der Bethlehemskapelle mit der böhmischen Universitätsnation steigerte den Einfluss der tschechischen Kräfte in Prag.“[27]

„Gott sei gelobt, dass wir die Deutschen ausgeschlossen haben“

Das Kuttenberger Dekret

Die zunehmende Rezeption der Schriften Wyclifs in Prag blieb nicht folgenlos. Als sein bis dahin bekanntester Befürworter und zeitweise Rektor der Universität, Stanislaus von Znaim, in einem Traktat 1404 Wyclifs Remanenzlehre thematisierte, wurde Znaim angeklagt und musste seine Meinung revidieren. Später erhielt er sogar eine Vorladung nach Rom. Bereits 1403 hatte die theologische Fakultät mit der Mehrheit der Professoren der deutschen Nation 45 Artikel Wyclifs als theologisch verwerflich erklärt. 1406 ordnete der Erzbischof an, alle in Prag kursierenden Schriften Wyclifs in der erzbischöflichen Kanzlei abzugeben. Doch auch solche Interventionen konnten den wachsenden Einfluss der Schriften Wyclifs in Böhmen nicht verhindern. Die Bühne betrat allmählich eine jüngere Generation von Reformanhängern wie Jakobell von Mies, Johannes von Jessenitz oder Hieronymus von Prag, die sich alle durch „kompromisslose Entschiedenheit“[28] auszeichneten. Und in den Vordergrund der kirchenkritischen Bewegung rückte zunehmend Jan Hus, der sich immer öfter zu Wyclif bekannte – und damit in die Schusslinie geriet. Im August 1408 ist zum ersten Mal eine schriftliche Anklage des Prager Pfarrklerus gegen Hus beim Erzbischof dokumentiert: Hus' Predigten würden den Klerus beim Volk verhasst machen.[29]

Hatte Jan Hus in der Bethlehemskapelle die Möglichkeit, als Prediger seine Botschaften ungestört und mit großer Resonanz unter die Menschen zu bringen, so erlebte er an der Universität die zunehmende Frontenbildung in der Wyclif-

Frage. Während die böhmische Nation sich als Wyclif-Anhängerin und -Verfechterin entwickelte, äußerten sich die anderen „deutschen" Nationen – die polnische Nation war stark geprägt von deutschsprachigen Schlesiern – ablehnend gegenüber den Thesen des englischen Theologen. Der Wyclif-Streit geriet auf diese Weise auch zu einem Moment der tschechischen Emanzipationsbewegung, was dem ohnehin schwierigen Thema zusätzliche Brisanz verlieh.

Das Kuttenberger Dekret von 1409.

Seit dem Sommer 1408 war der Streit zwischen den Wyclif-Anhängern und den Wyclif-Gegnern voll entbrannt. In der Universität versuchten die Anhänger, ihren Einfluss zu vergrößern und die Basis zu festigen. 1409 ergab sich die Möglichkeit, zu einem entscheidenden Schlag auszuholen. Den Hintergrund bildete die Einberufung des Konzils nach Pisa, um das Schisma zu beenden und einen neuen Papst zu wählen. König Wenzel forderte die Universität zu einer Stellungnahme über die Frage der Teilnahme am Konzil auf. Er selbst erhoffte sich von der Kirchenversammlung eine Stärkung seiner eigenen Position, nachdem ihm die Reichsfürsten 1400 den Titel des römisch-deutschen Königs aberkannt hatten. Bei den Diskussionen an der Universität zeigte sich aber, dass die Frage einer Teilnahme am Konzil durchaus unterschiedlich bewertet wurde: Die böhmische Nation war für die Teilnahme, die bayerische, sächsische und polnische Nation sprach sich jeweils dagegen aus. Statt endgültig zu entscheiden, beschloss der Rektor der Universität, zunächst dem König über die Situation zu berichten. Hier sah die wyclifitische Gruppe ihre Chance gekommen, ihren Einfluss in der Universität zu vergrößern. Hieronymus von Prag und Johannes von Jessenitz versuchten, Mitgliedern des königlichen Rates ihre Sicht der Dinge darzulegen, und tatsächlich erließ Wenzel am 18. Januar 1409 in Kuttenberg ein Dekret, in dem er das bisherige Stimmenverhältnis an der Universität auf den Kopf stellte: Künftig hatte die böhmische Nation drei Stimmen, die anderen drei Nationen zusammen nur noch eine Stimme.

Für die Wyclif-Anhänger bedeutete diese Entscheidung zunächst einen großen Erfolg: Denn Wenzel stellte die Universität damit unter die Kontrolle der Reformgruppierung.[30] Für die Universität insgesamt brachte die Entscheidung jedoch gravierende Veränderungen mit sich: Als der Protest der „deutschen“ Nationen gegen die Entscheidung des Königs wirkungslos blieb, machten sie ihre Drohung wahr und verließen die Universität. 700 bis 800 Lehrer und Schüler – etwa zwei Drittel der Artistenfakultät – gingen aus Prag fort, was unter anderem zur Gründung der Universität in Leipzig führte. Die Universität Prag blieb fortan tschechisch ausgerichtet.

Auch wenn Jan Hus beim Besuch der Mitglieder des königlichen Rats nicht persönlich dabei war, so war er offenbar doch am Zustandekommen des Kuttenberger Dekrets beteiligt. „Es besteht (…) kein Zweifel, dass er bei dem universitären Umsturz eine der führenden Rollen spielte.“[31] Auf der Kanzel der Bethlehemskapelle triumphierte er: „Der allmächtige Gott sei gelobt, dass wir die Deutschen ausgeschlossen haben“, wobei er an dieser Stelle in erster Linie die deutschen Magister meinte, mit denen die Reformbewegung in Konflikt stand. Hus’ Position wurde zunehmend bedeutender: „Nach dem Kuttenberger Dekret wurde Hus in den Jahren 1409 und 1410 zu einer Zentralfigur der böhmischen Reformbewegung.“[32]

Nicht nur für den Prager Erzbischof, sondern nun auch für Rom bedeutete die Verbreitung von Wyclifs Gedankengut eine Bedrohung, auf die sie reagierten. Der Erzbischof griff zu einer radikalen Maßnahme: Am 16. Juli 1410 veranlasste er eine Verbrennung von Büchern Wyclifs. Zuvor erließ Papst Alexander V. am 20. Dezember 1409 ein Verbot des Besitzes dieser Bücher sowie das Verbot aller Volkspredigten außerhalb von Kirchen, was eindeutig gegen die Predigten von Hus in der Bethlehemskapelle zielte. Hus konnte bei seinen kirchenkritischen Auftritten bis zu 3 000 Zuhörer erreichen, bei dicht gefülltem Raum konnte etwa ein Zehntel der Bevölkerung Prags einer Predigt zuhören.[33] Kirchenkritik auf einer Synode verblieb im engen Zirkel kirchlicher Würdenträger; Kirchenkritik in der Bethlehemskapelle bedeutete immer auch einen Appell an die Volksmenge, die eine ganz eigene Dynamik entwickeln konnte.[34]

Auf das Bücher- und Predigtverbot antworteten Hus und andere Mitstreiter mit einer Appellation vor der römischen

Jan Hus predigt von der Kanzel in der Bethlehemskapelle. Abbildung aus dem Jenaer Codex aus dem 15. Jhd.

Kurie, der jedoch kein Erfolg beschieden war. Für Hus war das Predigtverbot eine Maßnahme, die ihn empfindlich traf – und über die er sich schließlich hinwegsetzte, da weder die Heilige Schrift noch die Vernunft eine Verhinderung der Predigt begründeten. „Im Gesetz Gottes sah Hus eine überzeugende Legitimation für seinen Ungehorsam, was seine Predigttätigkeit anging."[35] Mit diesem Konflikt kam aber schließlich ein Verfahren in Gang, dessen Radius sich sukzessive vergrößerte: Es ging nicht mehr nur um einen Konflikt mit dem Erzbischof von Prag, sondern um einen Konflikt mit der römischen Kurie, deren Reaktion nicht lange auf sich warten ließ: Jan Hus erhielt im September 1410 aus Rom eine Vorladung vor das päpstliche Gericht. Als Hus ihr nicht folgte, wurde im Februar 1411 von Kardinal Oddo Colonna, der an der Kurie das Verfahren um Hus leitete, der Bann gegen den Prediger ausgesprochen wegen Nichterscheinens und Verletzung prozessualer Regeln.[36]

Dessen ungeachtet erlebte Hus 1411 den Höhepunkt seiner öffentlichen Wirksamkeit. Er schrieb etliche Traktate, führte einen lebhaften Briefwechsel und nutzte sogar die Wände der Bethlehemskapelle, um eine größere Außenwirkung zu erreichen: Hus ließ sie mit dem Glaubensbekenntnis und den zehn Geboten in tschechischer Sprache beschreiben, ebenso mit Lehrsätzen zu Themen wie Glaube, Sünde, Gehorsam, Kirchenbann und Simonie.[37] Auch Lieder für die Laien und öffentliche Inszenierungen gehörten zu den Medien der reformerischen Agitation. Die Verbreitung von Hus' Lehren war das „Ergebnis einer gezielten Kampagne"[38], die auch dem Zweck diente, Rückhalt im Volk zu erlangen. Vor allem in der Bethlehemskirche avancierte Hus „zum ‚Helden und Anführer einer Revolutionsbewegung' hier konnte er sich bis zum Herbst 1412 des Schutzes durch König Wenzel IV. relativ sicher sein".[39] Doch das Jahr 1412 brachte für Hus wie für die gesamte Reformbewegung eine entscheidende Wende.

Gegen die „Bekämpfung, Beraubung und Abschlachtung von Christen“

Der Ablassstreit mit dem Papst

Im Jahr 1412 brach in Italien ein Krieg um den Thron von Neapel aus, dessen Folgen bis nach Prag reichten. Der römische Papst Gregor XII. unterstützte in diesem Konflikt Ladislaus, der Pisaner Papst Alexander dagegen krönte Ludwig von Anjou. Nach dem Tod Alexanders hielt auch sein Nachfolger, Papst Johannes XXIII., zu Ludwig von Anjou. Nachdem sich das anfängliche Kriegsglück Ludwigs wendete und dieser sich aus Neapel zurückziehen musste, rief Papst Johannes XXIII. einen Kreuzzug gegen Ladislaus aus. In einer Bulle, also einer päpstlichen Urkunde, erklärte Johannes die Verdammung des Königs und stellte den Gläubigen die Vergebung aller gebeichteten Sünden in Aussicht, wenn sie einen finanziellen Beitrag für den Kreuzzug leisteten.

Auch in Prag wurde die Bulle des Papstes bekannt gemacht, und in den Kirchen wurden Spendenkisten aufgestellt. Bald darauf fanden sich darin aber nicht nur Münzen, sondern auch Flugblätter, die den Krieg des Papstes und seinen Ablass scharf kritisierten und darauf hinwiesen, man solle in dieser Sache dem Magister Hus mehr Glauben schenken. Tatsächlich hatte Hus in seinen Predigten in der Bethlehemskapelle dazu aufgefordert, für den Ablass kein Geld auszugeben. Ein Kreuzzug war für ihn nur dann legitim, wenn er der Verteidigung der Christenheit diente. Das war hier jedoch nicht der Fall, im Gegenteil ordnete die Bulle etwas Unerhörtes an: die Tötung von Christen. Auch zum Thema Ablass hatte Hus eine klare Meinung: Der Ablass-

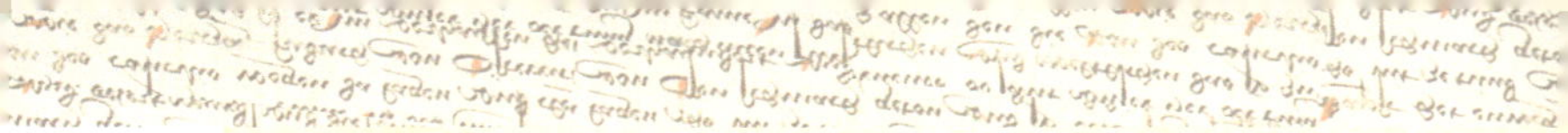

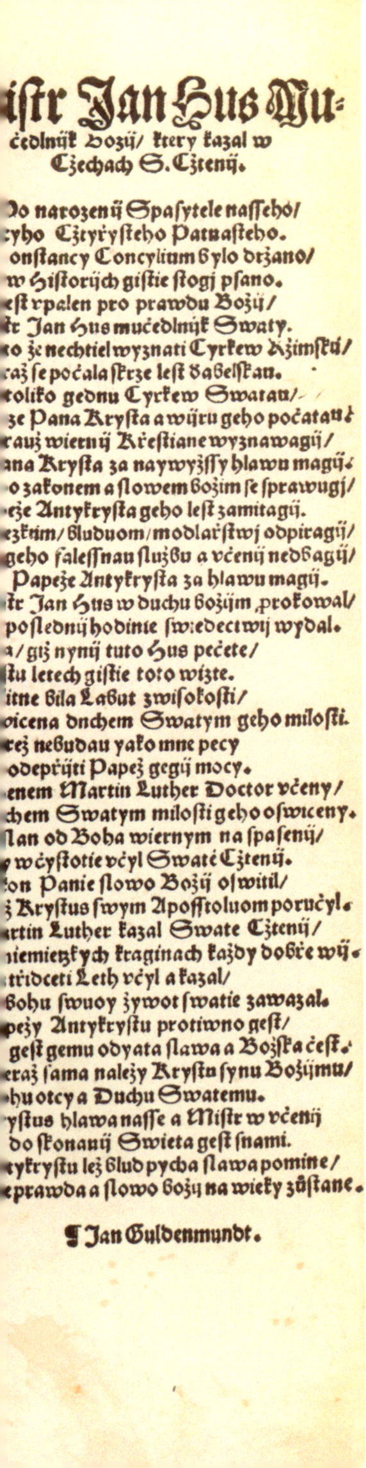
iſtr Jan Hus Mu-
čedlnijk Božij/ ktery kazal w
Cžechach S. Cžtenij.

Do narozenij Spaſytele naſſeho/
tyho Cžtyrýſteho Patnaſteho.
onſtancy Concylium bylo držano/
w Hiſtoriich giſtie ſtogj pſano.
eſt ſpalen pro prawdu Božij/
tr Jan Hus mučedlnijk Swaty.
to že nechtiel wyznati Cyrkew Ržimſkú/
až ſe počala ſkrze leſt ďabelſkau.
toliko gednu Cyrkew Swatau/
že Pana Kryſta a wijru geho počatau
tauž wiernij Křeſtiane wyznawagij/
ana Kryſta za naywyžſſy hlawu magij.
o zakonem a ſlowem božim ſe ſprawugj/
že Antykryſta geho leſt zamitagij.
ežkým/ bluduom/ modlařſtwj odpiragij/
geho faleſſnau ſlužbu a včenij nedbagij/
Papeže Antykryſta za hlawu magij.
tr Jan Hus w duchu božijm prorokowal/
poſlednij hodinie ſwiedectwij wydal.
a/ giž nynij tuto Hus pečete/
ſtu letech giſtie toto wizte.
itne bila Labut zwiſokoſti/
oicena duchem Swatym geho miloſti.
tež nebudau yako mne pecy
odepřijti Papež gegij mocy.
enem Martin Luther Doctor včeny/
chem Swatym miloſti geho oſwiceny.
lan od Boha wiernym na ſpaſenij/
wčyſtotie včyl Swaté Cžtenij.
on Panie ſlowo Božij oſwitil/
Kryſtus ſwym Apoſſtoluom poručyl.
rtin Luther kazal Swate Cžtenij/
niemiežkych kraginach každy dobře wij.
třidceti Leth včyl a kazal/
bohu ſwuoy žywot ſwatie zawazal.
peži Antykryſtu protiwno geſt/
geſt gemu odyata ſlawa a Božſka čeſt.
taž ſama naležy Kryſtu ſynu Božijmu/
hu otcy a Duchu Swatemu.
yſtus hlawa naſſe a Miſtr w včenij
do ſkonanij Swieta geſt ſnami.
tykryſtu lež blud pycha ſlawa pomine/
e prawda a ſlowo božij na wieky zůſtane.

¶ Jan Guldenmundt.

brief stelle eine Lüge und Betrug dar, denn Vergebung könne nur Gott erteilen.[40]

Der Widerstand von Hus, aber auch von anderen Reformern wie Hieronymus von Prag gegen die Bulle verbreitete sich in Prag und zeigte Wirkung auf der Straße. Drei junge Männer bezichtigten einen Priester bei seiner Kreuzzugspredigt in der Kathedrale auf der Prager Burg der Lüge, woraufhin sie verhaftet und entgegen der Zusicherung des städtischen Rates an Hus, dass ihnen nichts geschehen würde, dem Henker übergeben und enthauptet wurden. Sie wurden als die ersten Märtyrer des Hussitismus in der Bethlehemskapelle bestattet. Die Empörung in der Stadt über die Hinrichtung war groß. Es kam zu Unruhen und Protesten, die der Stadtrat über ein Versammlungsverbot vergeblich einzudämmen versuchte – „all diese Ereignisse vom Sommer 1412 erweckten den Anschein, Prag stünde an der Schwelle zur Revolution".[41]

Jan Hus mit Gans und Schwan als Symbol für Hus und Luther. Holzschnitt 1530/34.

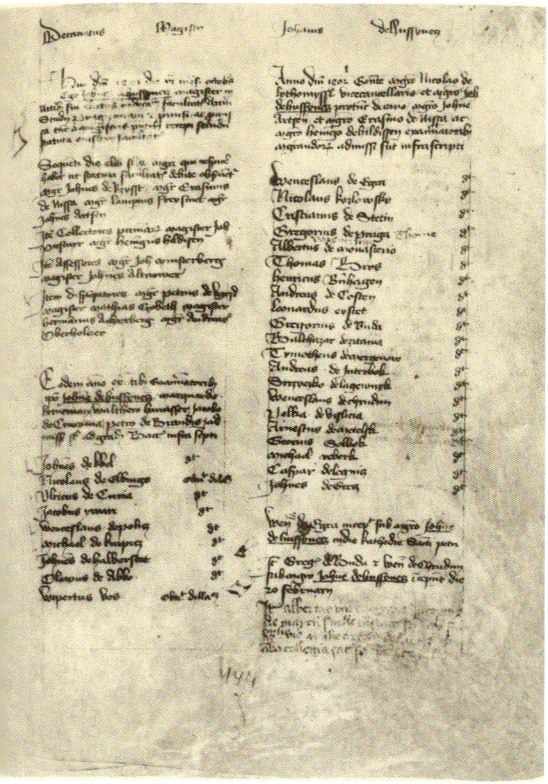

Handschrift von Jan Hus aus „Liber decanorum facultatis philosophicae Universitatis Pragensis: ab anno 1367 usque ad anno 1585“.

Hus wirkte nicht nur in seinen Predigten in der Bethlehemskapelle gegen die Ablassbulle, sondern auch in der Universität. Im Juli initiierte er eine Disputation, in der er den Vorgang in einer eingehenden theologischen Untersuchung prüfen lassen wollte. Geschickt fragte Hus: „Da der Papst nicht den Beweis für den Willen Gottes erbringen kann, dass sich jedermann zu Bekämpfung, Beraubung und Abschlachtung von Christen unter der Herrschaft des Ladislaus gürte, wie soll also eine solch verderbliche und grausame Anordnung den Gläubigen vermittelt werden?“[42]

Hus musste allerdings erfahren, dass er mit seinem Konfrontationskurs gegen Rom einigen bisherigen Kollegen und Mitstreitern entschieden zu weit ging. Zu ihnen zählten Stanislaus von Znaim und Stephan Paletsch, die Zweifel an der päpstlichen Autorität vehement zurückwiesen. Paletsch, zu dieser Zeit Dekan der Theologischen Fakultät, verbot den Studenten der Theologie, an der Disputation teilzunehmen, was Hus und weitere Studenten allerdings ignorierten. Znaim und

Paletsch avancierten fortan zu den erbittertsten Gegnern von Jan Hus. „Es war wahrscheinlich die größte Enttäuschung im Leben des Johannes Hus, dass sein Freund Paletsch und sein einst verehrter Lehrer Stanislaus von Znaim auf die Seite seiner Gegner, auf die Seite der ‚Verräter der Wahrheit' traten. Ausgerechnet die mitreißenden Führer der Wyclifiten seiner frühen Jahre begannen nun auch Wyclif immer heftiger zu kritisieren."[43] Aus Freundschaft wurde Feindschaft, die sich bis zum späteren Prozess auf dem Konstanzer Konzil immer stärker entwickelte.

Auch aus einer anderen Richtung drohte die Situation für die Wyclif-Anhänger kritischer zu werden. König Wenzel stand in der Frage, welche Konfliktpartei er im neapolitanischen Krieg unterstützte, auf der Seite von Papst Johannes XXIII. Der König ließ deshalb die Ablasskampagne in Böhmen zu, zumal er auch an den Einnahmen partizipieren konnte. Als sich die Situation zuzuspitzen begann, brachte Wenzel die verfeindeten wyclifitischen Artistenmagister und antihussitischen Theologieprofessoren an einen Tisch, um über Auswege und Lösungen zu verhandeln. Da der König vornehmlich daran interessiert war, die Unruhen zu beenden und die innere Ordnung wiederherzustellen, entschied er, die Verbreitung der Wyclif-Artikel und anderer kontroverser Meinungen zu unterbinden. Für die Wyclif-Anhänger war diese Entscheidung nicht nur eine klare Niederlage in der Sache – sie bedeutete auch den Verlust des Rückhalts des Königs, auf den sie bei ihrem Handeln bisher bauen und zählen konnten.

Auch für Hus persönlich ergab sich eine weitere Verschärfung der Situation. Mit seinem Widerstand gegen die Bulle ging es direkt um einen Konflikt mit dem Papst, einen Konflikt, den Hus öffentlich machte und in dem er die Gläubigen offen zum Widerstand aufrief.

„Alles muss sich dem Urteil des Gewissens unterwerfen“

Ein neues Verständnis der Kirche

Der Streit über den Kreuzzugsablass war aber nicht nur ein Streit um eine umstrittene einzelne Maßnahme des Papstes. Vielmehr berührte er ganz grundlegende Fragen der Kirche überhaupt, Fragen, die bis zum innersten Kern des Verständnisses der Kirche führten: „Wo findet sich die eine, heilige, katholische und apostolische Kirche“?[44]

Die Debatte, die sich im Zusammenhang der Ablassunruhen ergab, entwickelte sich zu einer regelrechten „Traktaten-

Die Teynkirche am Altstädter Ring in Prag.

schlacht“[45]. Den Anfang machten Stanislaus von Znaim mit der Schrift „Von der römischen Kirche“ und Stephan Paletsch mit dem Traktat „Über die Mehrdeutigkeit des Wortes Kirche“. Die Verteidigung des hussitischen Standpunkts übernahm zunächst Jakobell von Mies mit seinem „Antwortenden Traktat“, auf den Andreas von Brod mit der Schrift „Gegen die Einwände der Hussiten“ reagierte. Jan Hus arbeitete in dieser Zeit an seiner Schrift „De ecclesia“ („Über die Kirche“), einer systematischen Kirchenlehre, die er Ende Mai 1413 abschloss und einen Monat später vorlegte. Mit weiteren Schriften wandte er sich direkt gegen Stephan Paletsch und Stanislaus von Znaim. Stephan Paletsch wiederum reagierte mit seinem Traktat „Antihus“ und einer umfangreichen Schrift zur Widerlegung von Hus’ „De ecclesia“.

Hus’ Schrift „De ecclesia“ gilt als zentrale Schrift, die sein Verständnis einer Kirche erklärt und erläutert. Drei Gedanken sind für dieses Verständnis von zentraler Bedeutung: zum einen die Lehre der Prädestination, die Hus von Wyclif übernommen hat; zum anderen die Überzeugung, dass Christus und nicht der Papst das Oberhaupt der Kirche darstellt; schließlich die Bedeutung des Gewissens als Instanz für die Prüfung bei Zweifelsfragen, was richtig und falsch ist.

Die Lehre der Prädestination geht davon aus, dass Gott das Los der Menschen im Hinblick auf ihr Schicksal nach dem Tod vorherbestimmt hat. Ob einem Menschen die ewige Glückseligkeit widerfährt oder die ewige Verdammnis ist von vornherein festgelegt. Die heilige katholische Kirche besteht aus dieser Gemeinschaft der Vorherbestimmten. Wer zu den Auserwählten gehört, weiß jedoch nur Gott selbst. Auch ist es nicht unbedingt gesagt, dass die aktuelle Situation in jedem Fall schon exakte Aussagen über die Vorherbestimmung ermöglicht. Hus nennt die Beispiele „Paulus“ vor seiner Bekehrung und „Judas“, der zunächst zu den Jüngern Christi gehörte. Auch wenn kein Mensch weiß, ob er zur wahren Kirche gehört, so gibt es dennoch Indizien. Als eine gewisse Richtschnur für eine mögliche Bewertung und Einordnung nennt Jan Hus das äußere Verhalten gemäß dem Wort Jesu: „An ihren Früchten werdet ihr sie erkennen".

In der Konsequenz bedeutete diese Auffassung, dass auch bei Klerikern keineswegs ausgemacht ist, ob sie zur wahren Kirche gehören oder nicht. „Hus zufolge wäre es anmaßend, wenn sich die verweltlichten Kleriker zu vornehmen Gliedern der Kirche erklärten. In dieser Kritik lag der eigentliche Zweck seiner Kirchentheorie: Sie ermöglichte es ihm, von der theologischen Warte aus den priesterlichen Lebenswandel erneut anzufechten."[46] So sagt Hus: „Und obwohl der Mensch in dieser Welt ohne Offenbarung einen wahren heiligen Hirt nicht klar erkennen kann, muss er trotzdem aufgrund seiner mit dem Gesetz Christi übereinstimmenden Werke voraussetzen, dass dieser ein solcher ist. Wenn er aber sieht, dass dieser im Gegensatz zu Christus lebt, wie kann er dann umhin zu meinen, dass er Vikar des Antichrist ist?"[47]

Nur wenn der Kleriker in seiner Lebensweise Christus als Vorbild nimmt, kann er auch gegenüber den Gläubigen Ansprüche erheben. Daraus folgt, dass letztlich nicht der Papst, sondern Christus das wirkliche Oberhaupt der Kirche darstellt: „Weder ist der Papst das Haupt, noch sind die Kardinäle der ganze Leib der heiligen allgemeinen katholischen Kirche, denn Christus ist das einzige Haupt dieser Kirche und einzelne Vorherbestimmte (*praedestinati*) sind zusammen der Leib und jeder von ihnen ein Glied".[48]

In ihrer Konsequenz war diese Kirchenlehre radikal, stellte sie doch die ganze hierarchische Verfassung der Kirche infrage.[49] Weder sei die katholische Kirche mit der römischen Hierarchie gleichzusetzen, noch könnten Päpste und Kardinäle aus ihren Ämtern irgendwelche Ansprüche ableiten. Die Urkirche – so Hus – sei 300 Jahre lang ohne Kardinäle ausgekommen.[50]

Zeitgenössische Plastik von Jan Hus aus dem Diakonischen Werk „Nazaret“ in Borovany.

Nach dieser Kirchenlehre könnte der Papst sogar im Schafspelz des „Antichrist“ erscheinen. War nicht auch das Schisma mit drei Päpsten ein offensichtliches Zeichen, dass der päpstliche Anspruch, Oberhaupt der Kirche zu sein, nicht stimmen konnte? Damit wurde aber auch die Frage des Gehorsams und des Widerstands berührt. Jeder gläubige Jünger Christi solle die Gebote des Papstes prüfen, ob sie dem Gesetz Christi entsprechen. „Wenn er aber wirklich erkennt, dass ein päpstliches Gebot dem Gebot oder Rat Christi widerspricht oder der Kirche zum Schaden gereicht, so soll er ihm kühn entgegentreten, auf dass er nicht durch Zustimmung Teilnehmer an einem Verbrechen wird."[51]

Bei offensichtlichen Diskrepanzen mag das für den Gläubigen noch relativ leicht zu beurteilen sein. Wie aber soll sich der Gläubige in Fällen verhalten, die sich keineswegs klar darstellen? Wie soll er sich hier orientieren? Wie kann man erkennen, ob ein Befehl, ein Gebot oder eine Rechtsnorm mit dem Evangelium übereinstimmt? Ein Indiz sei, so Hus, ob die Norm oder die Anordnung der Kirche zum Nutzen diene. Die Beurteilung, ob dies der Fall ist oder nicht, ist nach Hus eine Angelegenheit des einzelnen Gläubigen – letztlich wird sie zu einer Angelegenheit seines Gewissens. „Nicht nur sei ‚jedes Gesetz, das dem Gesetz Gottes widerspricht, zu verbieten'; darüber hinaus ‚muss sich alles dem Urteil des Gewissens unterwerfen'".[52]

Auch Stephan Paletsch konzidierte in seinem „Antihus", dass Anordnungen der Kirche, die der heiligen Schrift widersprächen, nicht befolgt zu werden bräuchten. Doch das bewegte sich lediglich im Theoretischen. Denn tatsächlich würde selbstverständlich alles, was die Kirche den Gläubigen vorgibt, mit der Heiligen Schrift im Einklang stehen. Bei Jan Hus dagegen verwirkt die Kirche genau diese dogmatische Verbindlichkeit: „Die Kirche als Institution verlor ihre ausschließliche Zuständigkeit in Glaubenssachen, denn jeder Gläubige sollte selbst nach seinem Gewissen die Übereinstimmung eines jeden Befehls mit den Geboten Christi beurteilen."[53]

„Wer die Wahrheit spricht, dem zerschlagen sie den Kopf"

Das Exil in Südböhmen

Als Jan Hus seine Schrift „De ecclesia" beendete, hatte er Prag bereits verlassen und befand sich im Exil. Zuvor hatte der neu ernannte Richter im Verfahren gegen Hus, Kardinal Pietro degli Stephaneschi, im Juli 1412 über ihn den verschärften Kirchenbann (Exkommunikation) verhängt[54] – nicht wegen Häresie, sondern weil Hus der Aufforderung nicht nachgekommen war, vor der Kurie in Rom zu erscheinen und sich dort zu verantworten und zu rechtfertigen. Hus antwortete auf diesen Bann, der am 18. Oktober 1412 in Prag be-

Zufluchtsstätte Kozi Hrádek (Ziegenburg).

Skulptur von Jan Hus vor der Ruine von Krakovec (Burg Rothschloss).

kannt gemacht wurde, mit einer Appellation an Christus als für ihn höchste Instanz, „sein Aufschrei aus einem Gefühl der Ungerechtigkeit“[55]. Doch nach dem Kirchenrecht hatte dies keine Bedeutung. Hätte er sich weiter in Prag aufgehalten, so wäre über die Stadt ein Interdikt ausgesprochen worden; Gottesdienste und andere priesterliche Handlungen hätten eingestellt werden müssen. Nach langem Ringen kam Hus zu dem Entschluss, Prag zu verlassen. „Hus war jetzt in die Enge getrieben. Die Kirche erwies sich als durchweg feindlich, der Hof unterstützte ihn nicht mehr, selbst an der Universität gab es nur noch wenige, die offen für ihn eintraten. Seine Stellung schien unhaltbar zu werden."[56] Tatsächlich hätte ein Verblei-

Kelch-Skulptur auf Krakovec. Hier finden jährlich Gedenkveranstaltungen für Jan Hus statt.

Die Burg Kracovec wurde um 1383 erbaut und nach einem Brand 1783 verlassen. Sie war der letzte Aufenthaltsort von Jan Hus vor seiner Reise nach Konstanz.

ben für ihn auch eine ernsthafte Bedrohung bedeutet: „Der Weggang aus Prag stellte – nüchtern betrachtet – für Hus in dieser Situation eine Frage des nackten Überlebens dar, da er ohne königlichen Schutz in der Landeshauptstadt nach Ablauf der in der Bannsentenz gesetzten Frist nicht gefahrlos hätte

verweilen können, sondern ihm von verschiedenen Seiten stündlich Gefahr an Leib und Leben drohte".[57] Hus selbst schrieb in einem Brief im Juni 1413 an einen Prager Vertrauten: „Wer die Wahrheit spricht, dem zerschlagen sie den Kopf".[58]

Nach dem 27. November 1412 begab sich Hus vermutlich zunächst nach Saaz (Žatec) und wechselte von da an öfter seinen Aufenthaltsort. Zwischendurch hielt er sich kurzzeitig auch wieder in Prag auf, doch wurde ihm von König Wenzel das Verlassen der Stadt geboten.[59] Im Juni 1413 fand Hus in Südböhmen auf der Burg der Brüder Johann und Ctibor von Kozí Zuflucht. Im Sommer 1414 hielt er sich kurz in Sezimovo Ústí auf, anschließend begab er sich auf die Burg Rothschloss (Krakovec) bei Rakonitz – seine letzte Station vor seinem Aufbruch nach Konstanz zum Konzil.

Hus wählte seine Aufenthaltsorte offenbar danach aus, wo eine Offenheit für Reformen spürbar war. Wo bekannt war, dass über ihn die Exkommunikation ausgesprochen worden war, konnte er sich dennoch aufhalten. Er selbst deutete seine Verbannung und seine Wanderschaft als Prüfung in der Nachfolge Christi.[60] So setzte er seine Predigertätigkeit auch weiterhin fort, ging auf die Märkte und in die Dörfer, predigte aber auch bei den Bauern auf den Wiesen und Feldern.

Neben dem Predigen nutzte Hus die Zeit auf dem Land vor allem für seine Schriften. Hier, im Exil, hat er seine wichtigsten Texte verfasst: Neben dem lateinischen kirchentheoretischen Werk „De ecclesia“ schrieb er auch zahlreiche, auf Tschechisch verfasste Schriften wie das „Büchlein über die Simonie“ oder die „Postille“, eine in 59 Kapitel gegliederte Auslegung der Sonntagsevangelien, die als eines der „bedeutendsten Denkmäler der auf Tschechisch verfassten mittelalterlichen Literatur“ gilt.[61]

Hus war es zum einen ein essenzielles Anliegen, dass die „Wahrheit“ auch denjenigen zuteil werden konnte, die die lateinische Sprache nicht beherrschten. Auch sie sollten die Möglichkeit haben, die „Sünde“ zu erkennen und sich dadurch zu bessern. Zum anderen sah Hus auch in der Förderung und Weiterentwicklung der tschechischen Sprache eine wichtige Aufgabe, nicht nur als Emanzipation vom Lateinischen, sondern auch in der Abgrenzung zum Deutschen. So entwickelte er ein neues, diakritisches Rechtschreibsystem, das für die moderne tschechische Orthografie bahnbrechend war.

„In allen Städten ging es uns gut“

Die Reise nach Konstanz

Am 11. Oktober 1414 machte sich Jan Hus von der Burg Krakovec auf den Weg nach Konstanz, nachdem ihn im Frühjahr die Mitteilung erreichte, König Sigismund wünsche seine Anwesenheit auf dem Konzil. Hus glaubte, auf dem Konzil seine Rechtgläubigkeit beweisen zu können.[62] Mit ihm reisten die von König Sigismund zum Schutz von Hus bestimmten Ritter Wenzel von Dauba sowie Johannes von Chlum mit ihren Bediensteten. Zu diesen gehörte auch Peter von Mladoniowitz, der über die Reise und die Ereignisse ein umfangreiches Tagebuch führte, das ein wertvolles Zeitdokument der Ereignisse darstellt. Die Reisegruppe war mit zwei Wagen und

Reiseroute von Jan Hus nach Konstanz.

Gedenktafel in Sulzbach, Luitpoldplatz 24.

30 Pferden unterwegs. Die Aufwendungen für die Reise erstatteten Jan Hus adelige Gönner und zum Teil auch König Sigismund.[63]

Der erste Teil der Reiseroute ist nicht mehr genau zu rekonstruieren.[64] Die eine denkbare Strecke führte von Krakovec aus nördlich über Planá nach Tachov, die alternative Route südlich über Pilsen und Stríbro. Gut überliefert ist der Reiseweg dann ab Tachov bis Konstanz. Die Strecke verlief zunächst entlang der „Goldenen Straße", einem Handelsweg von Prag nach Nürnberg. Später richtete sich die Reisegruppe südwestlich und passierte die Ortschaften Ulm, Biberach und Ravensburg.

Für Hus bedeutete der Verlauf der Reise zunächst eine Überraschung. Offenbar hatte er damit gerechnet, dass ihm unterwegs mit Misstrauen, Argwohn oder gar Feindlichkeit begegnet würde, doch das Gegenteil war der Fall. „Wisst, dass ich nie mit übers Gesicht gezogener Kapuze, sondern immer frei, mit unverhülltem Angesicht gereist bin!", notierte er in einem Brief vom 24. 10. 1414 an die Freunde in Böhmen.[65] In einem weiteren Brief vom 6. 11. 1414 heißt es: „In allen Städten ging es uns gut. Wir wurden gut bewirtet und brachten die lateinischen und deutschen Bekanntmachungen in den Reichsstädten an. Dort führte ich auch Unterredungen mit den Magistern."[66]

Streckenweise reiste Hus der Bischof aus Lübeck voraus, der fälschlicherweise verkündete, man bringe Hus gefesselt auf einem Wagen und man solle sich vor ihm in Acht nehmen – denn er könnte Gedanken erraten, was dazu führte, dass Hus vor Ort jeweils schon von einer neugierigen Menschenmenge erwartet wurde, die aber dann, wie er berichtet, dankbar war, als sie von ihm die Wahrheit hörte.

Die erste Reisestation, die Hus in seinen Briefen nennt, ist Bärnau in der Oberpfalz. Hier erwartete ihn bereits der Pfarrer mit den Vikaren, der ihm in seiner Stube einen großen Humpen Wein einschenkte und seine Gefährten wie auch seine Lehre freundlich aufnahm. Auch aus Neustadt berichtet Hus, dass ihn „alle Deutschen gerne" sahen. Ebenfalls freundliche Reaktionen erfuhr er in Sulzbach, Hirschfeld, Hersbruck und Lauf.

In einigen Orten kam es sogar zu öffentlichen Diskussionen, wie zum Beispiel in Nürnberg. Hier erwarteten Hus bereits die Menschen auf der Straße und hielten Ausschau nach ihm. Nach seiner Ankunft ließen ihn die Magister wissen, dass sie „im Geheimen" mit ihm sprechen wollten. Hus aber erklärte, dass er öffentlich predigen wolle und dass ihn alle hören können, die das wollten. „Und sofort von dieser Stunde an unterredeten wir uns vor den Schöffen und Bürgern bis zum Anbruch der Nacht", heißt es im Brief vom 24. 10. 1414.[67] Peter von Mladoniowitz berichtet, dass sich nicht nur Hus in den Diskussionen engagierte: In Biberach ließ sich Hus' Begleiter Johann von Chlum so intensiv auf eine theologische Debatte ein, dass ihm dies den Spitznamen „Doktor von Biberach" einbrachte.[68]

In den Gasthäusern hinterließ Hus die zehn Gebote, die er mit Mehl anklebte; und in den Städten brachte er Anschläge an, die auf den Zweck seiner Reise hinwiesen und eventuelle Kritiker aufforderten, ihre Angelegenheiten auf dem Konzil in Konstanz zu klären. So hieß es auf den Zetteln: „Wenn ihm jemand eine Irrlehre oder Häresie zur Last legen will, dann soll er sich zum Konzil aufmachen, weil er, Magister Johan-

Erinnerungstafel in Biberach, Waagstraße 9 – 11.

nes, jedem beliebigen Gegner nur auf dem Konzil über seinen Glauben Rechenschaft zu geben bereit ist.“[69]

Auf der Reise jedenfalls, bekannte Hus, habe er noch keinen Feind entdeckt: „Nirgends macht man den Bann bekannt, und alle loben meine deutsche Kundmachung. Ich gestehe also, dass gegen mich keine größere Feindschaft besteht als bei den Bewohnern des Königreichs Böhmen.“[70] Hus meint hier natürlich nicht die gesamten Bewohner Böhmens, sondern seine Gegner im theologischen Konflikt. Und er weiß, dass er diese auf seiner Reise keinesfalls hinter sich gelassen hat, wie der Abschiedsbrief an die Freunde bei der Abreise nach Konstanz zeigt: „Und jetzt“, schreibt Hus, „habe ich mich schon ohne Geleitbrief zur Reise gerüstet mitten unter sehr mächtige und zahlreiche Feinde, unter denen die schlimmsten meine einheimischen Gegner sind, wie Ihr aus den Zeugenaussagen und nach Schluss des Konzils erkennen werdet.“[71]

„Ich will die Artikel nicht für irrig bekennen“

Auf dem Konstanzer Konzil

König Sigismund hatte Jan Hus für seine Reise freies Geleit versprochen und einen Brief ausgestellt, der die Empfänger aufforderte, Hus sowohl sicher und unbehindert durchreisen als auch freizügig zurückkehren zu lassen. „Das Geleit garantierte Hus jeden erdenklichen Schutz, jedoch nur im Reichsgebiet und im Rahmen der königlichen Zuständigkeit Sigismunds.“[72] In der Konzilstadt traf er am 3. November 1414 ein und nahm Quartier im Haus der Witwe Frida Pfister in der heutigen Hussenstraße 22, dem Haus zur roten Kanne. Bei Ulrich Richental heißt es aus der Perspektive des Chronisten, der das Ereignis im Sinne des Konzils einordnet: „Und am Sonntag Laetare hielt Johannes Hus, der schon vorher auf Anweisung des Konzils nach Konstanz gekommen war, im Haus der Pfistrin in der Sankt-Pauls-Gasse die Messe und ließ auch dazu läuten, und einfältige, ungelehrte Leute kamen und hörten seine Messe.“[73]

Der Konstanzer Bischof Otto III. von Hachberg untersagte Jan Hus das Abhalten und Lesen von Messen in seiner Unterkunft. Der Papst hatte Hus gegenüber beteuert, er werde in Konstanz sicher sein, „selbst wenn er seinen leiblichen Bruder getötet hätte“. „Husens Gegner wussten aber zu genau, dass dessen Ideen an den Grundfesten der Lehre der Kirche rüttelten. Sie konnten deshalb nicht ruhen.“[74] Vor allem Stephan Paletsch und Michael de Causis arbeiteten auf Hus’ Verhaftung hin. Bereits am 28. November 1414 wurde Hus gefangen genommen und in das Dominikanerkloster gebracht, „in einen

Hussenstraße 22. Hier stand die Herberge von Jan Hus in Konstanz.

dunklen und finsteren Kerker, und zwar in unmittelbarer Nähe einer Kloake".[75] Die Begleiter von Hus protestierten zwar und verwiesen auf den Geleitbrief des zu dieser Zeit noch nicht anwesenden Königs, doch ohne Erfolg. Die Gegner von Hus hatten sich durchgesetzt.

Die Haftbedingungen im Dominikanerkloster waren so schlecht, dass Hus bald erkrankte. Erst danach erhielt er ein etwas besseres Gefängnis. Nach der Flucht von Papst Johannes XXIII. verlegte man Hus in einen engen und kalten Kerker auf die Burg Gottlieben unweit von Konstanz, wo Hus erneut erkrankte.

Bessere Haftbedingungen erhielt er erst im Franziskanerkloster in Konstanz, wohin man ihn im Juni 1415 brachte. Hier fanden am 5., 7. und 8. Juni sogenannte Audienzen statt, an denen neben Hus Kardinäle, Erzbischöfe, Konstanzer Prälaten, Rechtsgelehrte, Theologen, aber auch Fürsten und zeitweise König Sigismund selbst teilnahmen – Audienzen bildeten in dieser Art offenbar eine große Ausnahme: „Völlig ungewöhnlich waren die drei großen Verhöre von Hus vor dem

Plenum des Konzils, wie sie nicht einmal dem abgesetzten Papst Johannes XXIII. zugestanden wurden.“[76] Die erste Audienz fand noch ohne König statt, doch auf das Gerücht hin, das Gremium wolle die Artikel von Hus gleich verurteilen, erteilte König Sigismund die Weisung, noch keine Entscheidung zu treffen, sondern Hus zunächst anzuhören. Hus wurde mit verschiedenen Zeugenaussagen und Artikeln konfrontiert, doch als er darauf antworten wollte, wurde er von allen Seiten niedergeschrien. „Hus hat Recht, wenn er klagt, er hätte von einem Konzil mehr Würde und Anstand erwartet.“[77]

Bei der zweiten Anhörung, bei der auch der König und Hus’ Freunde anwesend waren, wurde die Behandlung der

Im Turm des ehemaligen Dominikanerklosters (heute Steigenberger Inselhotel) in Konstanz war Jan Hus eingekerkert.

Hus im Jnselthurm 1414

Zeugenaussagen fortgesetzt. Diese reichten bis zu dem schwerwiegenden Vorwurf, Hus habe in der Bethlehemskapelle und an der Prager Universität die Häresien von Wyclif, aber auch eigene Irrlehren vertreten und verteidigt. Stephan Paletsch warf Hus vor, an der Vertreibung der auswärtigen und auch an der von böhmischen Doktoren Schuld zu sein, zudem an den Unruhen in Prag sowie an Raub und Gotteslästerung. Auch hier wurde Hus bei seinen Antworten teilweise ausgelacht.

Bei der dritten Anhörung wurden 39 Thesen verlesen, die man aus Hus' Schriften exzerpiert hatte. Unter anderem ging es um die Kirche als Gemeinschaft der Prädestinierten, die Relativierung der Funktion des Papstes als Stellvertreter Christi, die Rolle der Kardinäle, den Gehorsam gegenüber der Kirche, Hus' Appellation an Christus, die Kirchenstrafen und die Stellung eines in Todsünde le-

Jan Jus im Kerker. Wandmalerei von Carl von Häberlin im ehemaligen Dominikanerkloster in Konstanz aus dem 19. Jhd.

benden Papstes oder Priesters. Als Hus hier ergänzte, auch ein König in Todsünde sei Gottes nicht würdig, wandte sich König Sigismund direkt an ihn mit der Feststellung: „Johannes Hus, niemand lebt ohne Sünde".[78] Kardinal d' Ailly bemühte sich, die Situation zu nutzen, um den Herrscher gegen Hus aufzustacheln, indem er behauptete, Hus versuche also auch den königlichen Stand zu untergraben.

Bereits zuvor hatte sich Sigismund zu Wort gemeldet und sein Geleitversprechen erklärt: Er habe Hus das freie Geleit gegeben und ihm eine öffentliche Audienz versprochen. Nun rate er Hus, nichts hartnäckig zu behaupten, sich in die Gnade des Konzils zu ergeben und eine Buße für seine Artikel auf sich zu nehmen, denn mit einem Häretiker wolle er, Sigismund, nichts zu tun haben: „Ich habe ihnen gesagt, ich will keinen Häretiker verteidigen, im Gegenteil, einen hartnäckigen Ketzer würde ich selbst anzünden und verbrennen!"[79]

Auch Kardinal d' Ailly riet Hus, sich vorbehaltlos in die Gnade und Hand des Konzils zu begeben, „dann werde es ihn auch mit Rücksicht auf den römischen und böhmischen König pflichtgetreu und human behandeln".[80] D' Ailly bemerkte, rund 60 Doktoren hätten gemeinsam mit der Kommission festgestellt, dass Hus die Irrtümer in seinen Artikeln bekennen, ihnen abschwören, sie öffentlich widerrufen und in Zukunft das Gegenteil predigen müsse.

Hus erklärte sich zwar bereit, dem Konzil zu gehorchen; er könne jedoch keine Irrtümer widerrufen, die er nie vertreten habe. Tatsächlich wurde er z. B. zu Unrecht beschuldigt, Wyclifs Remanenzlehre vertreten zu haben.[81] Bereit sei er, Thesen seiner Bücher zu widerrufen, aber erst nach der Belehrung, dass sie irrig seien – Hus wiederholte diese Bereitschaft in den Audienzen mehrere Male. Hier zeigt sich ein fundamentaler Unterschied in den Auffassungen zwischen den Theologen der römischen Kirche und Jan Hus über das Verfahren auf dem Konzil: Hus ging davon aus, dass er seine Thesen dort vortra-

Schloss Gottlieben. Im Westturm befand sich das Gefängnis von Jan Hus.

gen und ihre Richtigkeit bzw. Wahrheit in der Diskussion beweisen könnte. Tatsächlich aber war gegen ihn ein Verfahren nach kanonischem Kirchenrecht eingeleitet worden, das klaren formalen Strukturen folgte – weder war darin eine Diskussion vorgesehen noch die Möglichkeit, der eigenen Wahrheit zum Durchbruch zu verhelfen. „Es war ein grundsätzlicher Widerspruch: Die Prozessregeln geboten dem Gericht, sich bei der Beweisführung nach den formgerecht durchgeführten Aussagen glaubwürdiger Zeugen zu richten, während Hus eine unabhängige Wertung der Beweise zur Feststellung der materiellen Wahrheit verlangte.“[82]

König Sigismund hatte gehofft, Hus mit dem Konzil versöhnen oder ihn durch einen Widerruf praktisch ausschalten zu können. Als er durch den Verlauf der Anhörungen bemerkte, dass sein Plan wohl nicht aufzugehen schien, konnte Peter von Mladoniowitz unbemerkt hören, wie er sich an die Konzilsväter wandte und feststellte, wenn Hus nicht widerrufe, solle er eben verbrannt werden; keinesfalls dürfe er aber nach Böhmen zurückkehren. Man müsse diese Häresien mit den Wurzeln ausreißen.[83]

Jan Hus vor dem Konzil. Wandmalerei von Friedrich Pecht aus dem 19. Jhd im Konstanzer Konzilgebäude.

Hus hatte zunächst geglaubt, er könnte von Sigismund Unterstützung erfahren. Tatsächlich zeigte sich der König zunächst erzürnt, als er hörte, dass Hus nach seiner Ankunft in Konstanz gefangen genommen wurde. Doch als ihm nach der Flucht von Papst Johannes XXIII. die Kerkerschlüssel übergeben wurden und er die Möglichkeit gehabt hätte, Hus aus dem Gefängnis zu holen, unterließ der König dies: Er befürchtete wohl, mit dieser Aktion das Konzil zu gefährden.

Nach den drei Anhörungen erhielt Hus am 18. Juni nochmals die Gelegenheit, zu Artikeln und Zeugenaussagen Stellung zu nehmen. Auch wurde weiterhin versucht, ihn zu einem Widerruf zu bewegen: „Den maßgeblichen Kardinälen und vor allem dem König erschien es nach wie vor sinnvoller, das Problem der böhmischen Bewegung durch einen Widerruf ihrer Galionsfigur zu lösen als ihr einen Märtyrer zu liefern."[84] In einem Brief am 21. Juni erklärte Hus gegenüber seinen Freunden jedoch deutlich: „Das ist im Namen Jesu Christi mein endgültiger Entschluss: Ich will weder die richtig ausgewählten Artikel als Irrtum bekennen, noch will ich den mir durch falsche Zeugen angedichteten Artikeln abschwören. Denn abschwören heißt zugestehen, dass ich Irrtümer oder Irrtum gehegt habe, davon abrücken und das Gegenteil bekennen. Gott weiß ja, dass ich niemals jene Irrtümer gepredigt habe, die man sich ausgedacht hat, indem man viele Wahrheiten wegließ und falsche Behauptungen hinzufügte. Wenn ich aber von einem meiner Artikel wüsste, dass er wahrheitswidrig ist, würde ich ihn sehr gern verbessern, widerrufen und sein Gegenteil lehren und predigen."[85]

Am 5. Juli wurde Hus nochmals eine neue Formel für einen möglichen Widerruf vorgelegt. Als er auch diese Formulierung ablehnte, startete König Sigismund am Abend eine letzte Initiative, indem er Herzog Ludwig, Wenzel von Dauba, Johannes von Chlum, Heinrich Lacembok und vier Bischöfe zu Hus sandte. Doch Hus hatte sich entschieden und

Die Verurteilung von Jan Hus. Gemälde von Wenzel von Brozik aus dem Jahr 1883.

wiederholte „unter Tränen", wie von Peter von Mladoniowitz berichtet, seinen Standpunkt: Wenn er wüsste, etwas Irriges geschrieben oder gepredigt zu haben, würde er widerrufen. Das aber soll man ihm aus der Bibel nachweisen.[86] Die Bischöfe fühlten sich darin bestätigt, dass Hus hartnäckig in seiner Ketzerei verharren möchte. Damit waren die Würfel endgültig gefallen.

„In dieser evangelischen Wahrheit will ich gern sterben“

Die Hinrichtung auf dem Brühl

Noch am selben Tag, an dem das Urteil gefällt worden war, erfolgte die Hinrichtung von Jan Hus auf dem Brühl vor den Toren der Stadt Konstanz. Nachdem Hus nach einem vorgegebenen Ablauf zunächst als Priester degradiert und mit einer Ketzermütze versehen worden war, übergab man ihn zur Vollstreckung des Urteils an die weltliche Macht: Sigismund befahl Herzog Ludwig, die Hinrichtung vorzunehmen, dieser wiederum beauftragte den Konstanzer Reichsvogt Hans Hagen. In einer Prozession wurde Hus durch die Stadt auf den Richtplatz geführt, auf dem der Scheiterhaufen bereits vorbereitet war. Die Menschenmenge war so groß, dass die Brücke beim Geltinger Tor einzustürzen drohte.

Über die Hinrichtung liegen zwei Berichte vor: zum einen von Ulrich Richental, dem Chronisten des Konzils, zum anderen von Peter von Mladoniowitz, der Hus auf seiner Reise begleitet und darüber ein Tagebuch geführt hat. Die beiden Dokumente zeigen ganz unterschiedliche Perspektiven: hier der dem Konzil verpflichtete Richental, für den Hus ein Ketzer war und der dies auch mit entsprechenden Bildern in seinem Bericht unterstrich; dort der böhmische Begleiter, der die Hinrichtung als Märtyrertod beschrieb. Im Folgenden werden beide Dokumente nebeneinander gestellt.

S. 64 – 65: Bilderzyklus aus der Richental-Chronik: Jan Hus wird degradiert, mit der Ketzerkrone durch die Stadt geführt und verbrannt.

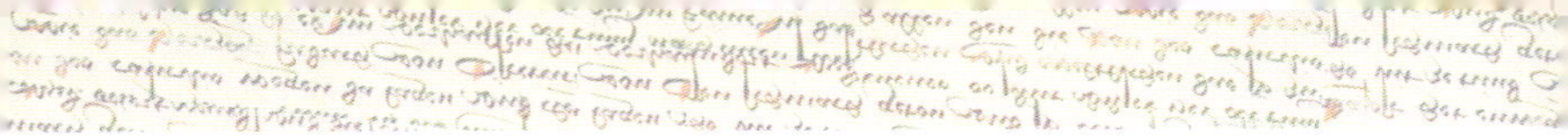

De degradacion
Husso

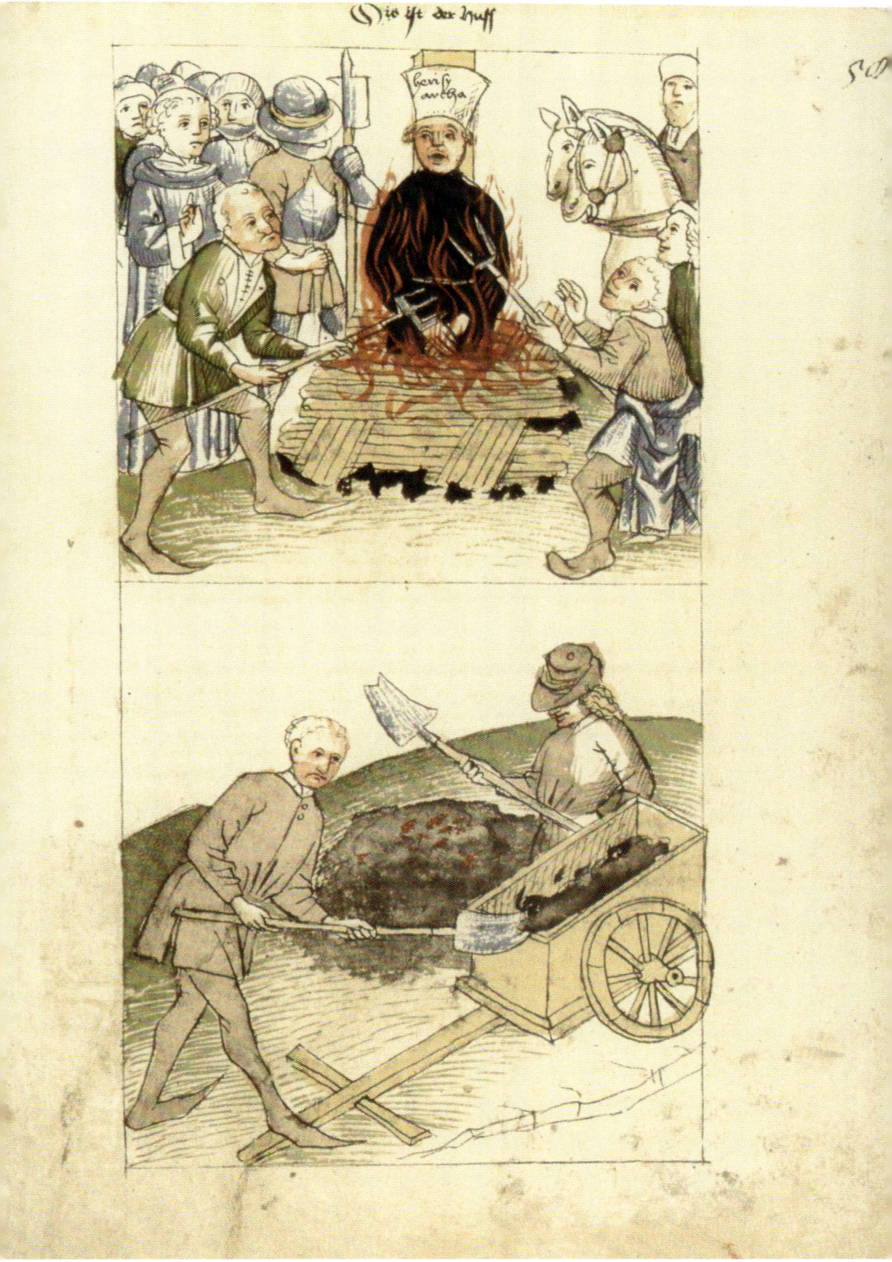

Aus der Chronik des Ulrich Richental

„Und als er über die kleine Brücke zum inneren Außenfeld kam und das Holz, Stroh und Feuer sah, fiel er dreimal auf die Knie und sprach laut: ‚Jesu Christe, fili die vivi, qui passus es pro nobis, miserere mei!'

Danach wurde er gefragt, ob er beichten wolle, denn in solchen Nöten sollte niemand ohne Beichte sterben. Da sprach er: ‚Ich will gerne beichten, aber hier ist es zu eng.' Und als er in den Ring kam, rief man einen Priester, der hieß Herr Ulrich Schorand und war Kaplan von Sankt Stephan. Er hatte die Vollmacht des Konzils und des Bischofs. Der trat zu Hus und sprach: ‚Lieber Herr und Meister, wollt ihr noch abtreten von Eurem Unglauben und Eurer Ketzerei, derentwegen Ihr hier leiden müsst, so will ich Euch gern die Beichte hören. Wollt Ihr das aber nicht, so wisst Ihr wohl selber, was im Kirchenrecht steht, dass man einem Ketzer keine Sakramente spenden darf.' Da antwortete Hus: ‚Es ist nicht notwendig, ich bin kein Todsünder.' Dann wollte er anfangen, auf Deutsch zu predigen, aber das wollte ihm Herzog Ludwig nicht gestatten und befahl, ihn zu verbrennen. Da nahm ihn der Henker und band ihn mit Schuhen und Kleidern an ein langes, aufrecht stehendes Brett. Unter die Füße stellte er einen hohen Schemel, dann legte er Holz und Stroh um ihn herum, schüttete Pech dazu und zündete alles an. Da schrie Hus laut und war bald verbrannt. Doch als er selbst schon verbrannt war, blieb doch die Inful im Feuer noch ganz. Da zerstieß sie der Henker, sodass sie nun erst verbrannte. Dabei stank es fürchterlich, denn der Kardinal Pankratius hatte ein großes altes Maultier, das gestorben und

an der Stelle vergraben worden war, an der man nun Hus verbrannte. Wegen der großen Hitze tat sich das Erdreich auf, sodass der schlimme Gestank herauskam.
Anschließend schüttete man die ganze Asche, die Knochen und alles, was sonst nicht verbrannt war, in den Rhein.“ [87]

Aus dem Bericht von Peter von Mladoniowitz

„Als der Magister zur Hinrichtungsstätte kam, beugte er die Knie, betete mit ausgebreiteten Händen und mit zum Himmel emporgerichteten Augen inbrünstig. – Die Hinrichtungsstätte aber war auf einer bestimmten Wiese zwischen Gärten, wenn man aus der Stadt Konstanz heraus gegen die Burg Gottlieben geht, zwischen den Toren und den Vorstadtgräben der genannten Bürgerstadt. – Während er nun so, wie vorerwähnt, betete, fiel die genannte Schandkrone, die mit drei Dämonen ringsum bemalt war, von seinem Haupt. Er lächelte, als sein Blick darauf gefallen war. Und einige Söldner, die um ihn herumstanden, sagten: ‚Man soll sie ihm wieder aufsetzen, damit er zugleich mit seinen Herren, denen er gedient hat, den Dämonen, verbrannt werde.‘ Auf Geheiß des Henkers aber erhob sich der Magister von der Stelle des Gebets. Als sie ihm sein Gewand ausgezogen hatten, banden sie ihn mit Tauen an eine Säule, wobei er mit den Händen rückwärts an die genannte Säule gefesselt war.
Als man ihn aber am Hals mit einer berußten Kette zusammenschnürte, betrachtete er sie, lächelte und

sprach zu den Henkern: ‚Der Herr Jesus Christus, mein Erlöser und Heiland, ist mit einer härteren und schwereren Kette gefesselt worden, und ich Armer scheue mich nicht, um seines Namens willen gefesselt diese Kette zu tragen.‘ – Die Säule aber war ein dicker Balken von der Stärke ungefähr eines halben Fußes. Man hat sie an einem Ende zugespitzt und in die Erde in die genannte Wiese eingerammt. Unter die Füße des Magisters aber hat man zwei Bund Holz gelegt. Der Magister trug noch seine Schuhe und eine Fessel an den Füßen, als er an den Pfahl gebunden war. Die genannten Holzbündel, die mit Stroh vermischt waren, legten sie überall rings um den Körper des so dastehenden Magisters bis an sein Kinn. An Holz aber waren es zwei Fuhren oder Wagen. Bevor aber der Magister angezündet wurde, trat der Reichsmarschall Hoppe von Pappenheim und mit ihm der Sohn des ehedem Klem an ihn heran, und sie forderten ihn auf, wie es hieß, sein noch heiles Leben zu retten und dem von ihm einst Gepredigten und Gesagten abzuschwören und es zu widerrufen. Der Magister aber blickte zum Himmel und antwortete mit lauter Stimme: ‚Gott‘, so sprach er, ‚ist mein Zeuge, dass ich das, was mir fälschlicherweise zugeschrieben wird und was man mir durch falsche Zeugen aufgebürdet hat, niemals gelehrt und auch niemals gepredigt habe. In dieser evangelischen Wahrheit aber, die ich geschrieben, gelehrt und gepredigt habe nach den Aussprüchen und Auslegungen der heiligen Lehrer, will ich heute gern sterben.‘ Und als das der Marschall zusammen mit dem Sohn des Klem vernommen hatte, schüttelten sie einander die Hände und gingen sogleich von dannen.

Dann zündeten die Henker den Magister an. Er sang darauf mit lauter Stimme. – Und als er zum dritten Male begonnen hatte zu singen, schlug ihm alsbald der Wind die Flammen ins Gesicht, und also in sich betend und Lippen und Haupt bewegend, verschied er im Herrn. Im Augenblick der Stille aber, bevor er verschied, schien er sich zu bewegen, und zwar so lange, als man zwei oder höchstens drei Vaterunser schnell sprechen kann.

Als das Holz der genannten Bündel und Taue verbrannt war und immer noch eine Körpermasse dastand, die an der genannten Kette um den Hals hing, stießen darauf die Henker die genannte Masse zusammen mit der Säule zu Boden, belebten das Feuer weiter, und zwar mit einer dritten Holzfuhre und verbrannten die Masse vollständig. Sie gingen herum und schürten die Knochen mit Stangen zusammen, damit sie umso schneller zu Asche würden. Und als sie sein Haupt fanden, teilten sie es mit einer Stange in Stücke und warfen es wieder ins Feuer. Da sie aber unter den inneren Organen sein Herz gefunden hatten, spitzten sie eine Stange nach Art eines Spießes an und befestigten am Ende das Herz, brannten es besonders und schüttelten es beim Verbrennen mit Stangen und machten schließlich jene ganze Masse zu Asche. Und auf Geheiß der genannten Herren, des Klem und des Marschalls, warfen die Henker sein Hemd zusammen mit den Schuhen ins Feuer und sagten dabei: ‚Damit die Böhmen nicht etwa wie Reliquien halten, werden auch wir dir deinen Preis dafür geben.' Das taten sie auch. Und so luden sie zusammen mit den einzelnen genannten Ascheteilen der Holzscheite alles auf einen Wagen und versenkten es im nahen Rheinfluss daselbst und zerstreuten es." [88]

„Ich werde ein Nagel in eurem Herzen sein“

Hus’ Schicksalsgenosse Hieronymus von Prag

Als Peter von Mladoniowitz während des Verhörs von Jan Hus unbemerkt das Gespräch zwischen dem König und den Kardinälen mitbekam, hörte er auch, dass der König dazu ermunterte, bei Hus nicht stehen zu bleiben: „‚Und darum macht auch Schluss mit seinen anderen geheimen Schülern und Anhängern, da ich in Kürze abreisen möchte. Und besonders mit diesem, diesem‘ – dabei wiederholte er das Wort ‚diesem‘ – ‚den man hier festhält.‘ Und sie sagten: ‚Mit Hieronymus?‘ Und er: ‚Ja, mit Hieronymus‘. - ‚Mit dem werden wir innerhalb eines Tages Schluss machen. Das wird schon leichter, weil der da der Lehrer ist‘ – sie meinten den Magister Hus – ‚und jener Hieronymus sein Schüler‘. – Und der König wiederum: ‚Ich war doch wirklich noch ein junger Mann, als diese Sekte aufkam und in Böhmen begann, und seht, zu welchem Umfang sie angewachsen ist und sich ausgebreitet hat‘“.[89]

Tatsächlich dauerte es aber noch ein ganzes Jahr, bis auch Hieronymus von Prag an derselben Stelle im Münster verurteilt wurde wie Hus. Und Hieronymus war auch nicht der Schüler von Hus, sondern beide gehörten ursprünglich zu den Schülern des – damals noch – wyclifitischen Magisters Stanislaus von Znaim.

Hieronymus von Prag war nach 1370 in Prag in einer armen Familie geboren. Er studierte an der Universität in Prag und wurde 1398 zum Bakkalar der Artes promoviert. Im Gegensatz zu Hus begann er kein Theologiestudium, sondern bewegte sich innerhalb der philosophischen Diskussionen der

Artistenfakultät. Er war gelehrter als Hus, schrieb aber weniger. Sein Feld war mehr die Agitation, das Verbreiten der Ideen Wyclifs, das ihn in etliche europäische Städte führte. 1399/1400 brachte Hieronymus von seiner Reise nach Oxford mehrere revolutionäre Werke Wyclifs mit nach Prag. 1405/1406 vertrat er die realistische Position Wyclifs als ordentlicher Magister an der Universität Paris – bis er nach Köln fliehen musste, da man ihn als Ketzer verdächtigte. Nach Köln lehrte Hieronymus in Heidelberg. Doch auch hier musste er fliehen, nachdem ihn der Bischof von Worms angeklagt hatte. 1406 kehrte Hieronymus schließlich als Magister an die Universität Prag zurück. Spätere Reisen führten ihn nach Buda, wo er zu König Sigismund sprach, nach Wien, wo er die Ehre der Prager Universität verteidigen wollte, und schließlich auch nach Litauen.

Hieronymus sah sich in erster Linie wohl als Missionar wyclifscher Reformideen, und hier agierte er entschieden und heftig in Wort und Tat.[90] So griff er zum Beispiel die Wyclif-Gegner an: Gewisse Priester, „Idioten", hätten behauptet, in Prag gebe es Ketzer, die sie Wyclifisten nennen. Doch wer von einem Tschechen behaupte, ein Ketzer zu sein oder gewesen zu sein, der lüge. Bemerkenswert ist, dass Hieronymus in dieser Argumentation das gesamte Volk miteinbezieht: Die Standesschranken wurden zugunsten einer nationalen, fast modern anmutenden Perspektive überschritten. Obwohl Hieronymus Wyclif verteidigte, war er weit entfernt davon, alles von ihm blind zu übernehmen – im Gegenteil: Nur der Heiligen Schrift habe man zu glauben, bei Wyclif gelte es jedoch, das „Gold" vom „Kot" zu unterscheiden und das „Mineral der Wahrheit" in seinen Büchern ausfindig zu machen – eine Leistung, die jeder selbst zu vollbringen habe. Mit diesem „Aufruf zur geistigen Selbständigkeit" offenbart sich ebenso wie in seinem fast modernen Nationsverständnis, „dass im Leben und Werk des weitgereisten Hieronymus, anders als bei Hus und seinen Mitstreitern, tatsächlich frühhumanistische Strömungen hervortreten."[91]

Bekannt war Hieronymus nicht nur für die Brillanz und Schärfe seiner Rhetorik, sondern auch für seine provokativen Aktionen. So ließ er während der Ablassunruhen in Prag, die von ihm kräftig geschürt wurden, einen Karren durch die Stadt fahren, auf dem Prostituierte saßen. Um ihren Hals waren sie „geschmückt" mit Kopien der Ablassurkunde des Papstes, wobei laut verkündet wurde, dass dies Schriftstücke eines Häretikers und Bordellwirts seien. Auch beim Kuttenberger Dekret war Hieronymus beteiligt. In der Universität war er 1409 sogar zur führenden Persönlichkeit bei den böhmischen Magistern geworden.[92]

Nicht nur durch die wyclifitische Reformgruppe in Prag, sondern mehr noch durch das Konstanzer Konzil wurden Jan Hus und Hieronymus von Prag zu Schicksalsgenossen. Hieronymus kam am 4. April 1415 nach Konstanz und wohnte wie Hus in der St.-Pauls-Gasse, in der heutigen Hussenstraße 12 (Haus zum Delphin).

Als er die schwierige Situation von Hus, der bereits im Kerker saß, erfasste, floh Hieronymus nach Überlingen, um von dort freies Geleit zu fordern. Als man es ihm zwar für das Kommen, nicht aber für die Heimkehr gewährte, machte er sich auf den Weg zurück nach Böhmen. Im bayerischen Sulzbach aber wurde Hieronymus aufgegriffen und in Ketten zurück nach Konstanz gebracht. Über ein Jahr war er in einem Turm bei St. Paul gefangen.

Treibende Kräfte im Verfahren gegen Hieronymus waren wiederum Michael de Causis und Stephan Paletsch, die das Konzil veranlassten, Hieronymus vorzuladen. Nach der Hinrichtung von Jan Hus hatte er widerrufen, und es sah zunächst so aus, als ob sich die Kardinäle d' Ailly und Fillastre zusammen mit zwei anderen für Hieronymus' Befreiung einsetzten. Nachdem ihnen aber der unberechtigte Vorwurf der Bestechlichkeit gemacht wurde, traten die Kardinäle vom Verfahren zurück und wurden ersetzt durch Richter, die als Feinde des

Hieronymus von Prag. Kupferstich eines unbekannten Künstlers.

Hieronymus bekannt waren. In seiner Anhörung vom 26. Mai 1416 nahm Hieronymus schließlich seinen Widerruf zurück, der aus Todesfurcht und Kleinmütigkeit erfolgt sei. Das Urteil gegen ihn erfolgte in der Sitzung am 30. Mai 1416. Wie bei der Verurteilung von Hus hielt der Bischof von Lodi eine Predigt, in der er sich direkt an den Angeklagten wandte: „Angesichts

Die Unterkunft von Hieronymus von Prag in Konstanz: Das Haus zum Delphin in der Hussenstraße.

deiner langen Verstocktheit, Hieronymus (…), bedenke, dass, wenn auch mein Schelten draußen schrecklich klingt, drinnen die Liebe zur Milde waltet, und wie ich dich nicht mit dem Wort und dem Mund schonen darf, so will ich dich Schuldigen mit frommer Nächstenliebe ermahnen. (…) Der Unglaube, wo er die Zurechtweisung annimmt, verdient Nachsicht. Aber die Verhärtung und Hartnäckigkeit ist nur durch endgültige Zerstörung zu strafen." Hieronymus antwortete: „Ihr wollt mich unbillig und ungerecht verurteilen. Ich aber werde nach meinem Tod ein Biss in eurem Gewissen und ein Nagel in eurem Herzen sein, und ich lade euch alle vor, mir vor dem höchsten und gerechtesten Richter binnen hundert Jahren zu antworten."[93] Der Auftritt von Hieronymus muss beeindruckend gewesen sein. So äußert sich der italienische Humanist Poggio Bracciolini, der während seines Aufenthalts beim Konzil auch den Prozess gegen Hieronymus von Prag verfolgte, sehr positiv über Hieronymus. In einem Brief lobt er dessen „Beredsamkeit und Gelehrsamkeit": „Ich gestehe, dass ich niemals jemanden gesehen habe, der in der Sache, bei der es um seinen Kopf und Kragen ging, mehr an die Beredsamkeit der Alten, die wir so bewundern, herangekommen wäre."[94]

Geholfen hat es ihm nicht. Hieronymus wurde noch am selben Tag an der gleichen Stelle vor den Toren der Stadt verbrannt, an der auch Hus hingerichtet worden war. Ulrich Richental berichtet: „Doch er lebte viel länger als Hus und schrie grauenvoll, denn er war ein feister, starker Mann mit einem schwarzen, dicken, langen Bart. Als er schließlich verbrannt war, wurde die Asche und alles, was nicht verbrannt war, ebenfalls in den Rhein geschüttet. Und viele Gelehrte weinten um ihn, dass ein so gelehrter Mann an Seele und Leib verderben musste".[95]

Hinweis auf den Kerker von Hieronymus von Prag an der Oberen Laube in Konstanz.

„Hier dient alles dem Gemeinnutz“

Die hussitische Revolution

In Böhmen empfanden viele den Scheiterhaufen des Konzils für Jan Hus als eine Demütigung des gesamten Landes und als ein großes Unrecht, das den guten Ruf ihrer Heimat beschädigte. Der reformorientierte Hochadel formulierte am 2. September 1415 gegen das Urteil des Konzils einen Protest, der am Ende mit insgesamt 452 Siegeln nach Konstanz gesandt wurde – eine bis dahin „unerreichte Manifestation der Unterstützung für die hussitische Sache.“[96]

Am 5. September 1415 erfolgte die schriftliche Fixierung des Reformbündnisses. Danach spitzte sich die Situation in Prag zu[97]: Nachdem der Bischof von Prag das verschärfte Interdikt über Prag ausgesprochen hatte, kam es zum Teil zur offenen Rebellion und der Vertreibung von katholischen Priestern. Da ihre Kirchen für hussitische Priester beschlagnahmt wurden, wuchs damit die Zahl der Orte, an denen die Laienkommunion, das Abendmahl „in beiderlei Gestalt“, gereicht werden konnte. Die römische Kirche führte das Abendmahl nur in der Form durch, dass sie den Gläubigen Brot reichte, den Kelch mit dem Wein aber den Priestern vorbehielt. Unter Berufung auf die Bibel und die Praktiken der Urkirche hatte Jakobell von Mies bereits in der Zeit, als Jan Hus im Kerker saß, damit begonnen, das Abendmahl in beiderlei Gestalt zu verabreichen. Hus war grundsätzlich mit dieser Praktik einverstanden, bat jedoch, nichts zu überstürzen – nicht zu Unrecht befürchtete er, dass dies seine eigene Situation auf dem Konzil erschweren könnte. Jakobell von Mies jedoch forcierte die Einführung der Laienkommunion. Er hatte erkannt, was das Abendmahl in beiderlei Gestalt bedeuten kann: Der Laienkelch führte den

Gläubigen ihre Gleichheit mit den Priestern vor Augen; mit ihm wurde ein egalitäres Prinzip institutionalisiert, das von der Notwendigkeit einer Reform überzeugen konnte.[98] Auch ermöglichte der Laienkelch eine Abgrenzung gegenüber der römischen Kirche und die Sichtbarmachung einer eigenen Identität: Der Kelch wurde zum einigenden Symbol der hussitischen Bewegung. Die lateinische Bezeichnung „communio sub utraque specie" für das Abendmahl in beiderlei Gestalt gab den Hussiten auch den Namen „Utraquisten". Das Konzil in Konstanz verbot zwar den Laienkelch am 15. Juni 1415. Doch das Verbot konnte nicht verhindern, dass sich diese Praxis im gesamten Land verbreitete.

Der Kelch war für die Hussiten das einigende Band, das sie vor allem bei Bedrohungen von außen zusammenschloss. Innerhalb der Bewegung traten jedoch recht schnell die unterschiedlichen Strömungen hervor: die gemäßigte Position des reformfreundlichen Adels und der Prager Bürger, die eher konservative Position der Universität, die Mittlerposition des Jakobell von Mies, die Radikalisierung der Prager Neustadt mit ihren Handwerkern und proletarischen Schichten und die radikalen Entwicklungen auf dem Land. Vor allem hier, auf dem Land, wurden neue Lehren propagiert, die teilweise auch die liturgische Ordnung außer Kraft setzten und von den gemäßigten Utraquisten zurückgewiesen wurden.[99]

Vor dem Hintergrund des angespannten Verhältnisses mit dem Konzil – die Signatare des Protestschreibens waren umgehend exkommuniziert worden – suchten Führer des hussitischen Adels 1418 das Gespräch mit König Sigismund. Auch wenn dieser der Kelchkommunion ablehnend gegenüberstand, wollte er die Adeligen aber doch nicht gegen sich aufbringen. Den verführten Baronen, Bürgern und Bauern solle nichts geschehen, es reiche völlig aus, „die wiclifitischen und hussitischen Priester zu ersäufen"[100]. Gegenüber seinem Bruder Wenzel stellte Sigismund ein Ultimatum, dass er bezüglich der böhmisch-mährischen Ketzer keinen Aufschub mehr dulde. Tatsächlich kam es Anfang des Jahres 1419 zu einer Änderung der Politik des böhmischen königlichen Hofes: In allen Einrichtungen, die von den Utraquisten übernommen worden waren, sollten die römisch-katholischen Verwaltungen wieder eingesetzt werden. Konfiszierte Kirchen wurden wieder zurückgegeben, eine Minderung der Macht des hussitischen Bundes schien eingeläutet. Allerdings nahmen in dieser Zeit die Aktivitäten der Reformprediger zu, nicht zuletzt auch durch ihre Verfolgung. Vor allem die sogenannten Bergwallfahrten mobilisierten das hussitische Volk der ländlichen Gebiete Südböhmens.[101] Die größte Wallfahrt erfolgte am 22. Juli 1419 auf dem Berg Burkovak. Rund 40 000 Menschen versammelten sich an diesem Tag auf dem Hügel, der ein immer größeres Einzugsgebiet erhielt und zu einem zentralen hussitischen Sammelplatz wurde. Die gemeinsam erfahrenen Zeremonien, die neuen Bekanntschaften und die gegenseitige Unterstützung ließen die Bergwallfahrten zu einem einzigartigen religiösen Erlebnis werden, das den inneren Zusammenschluss der Bewegung förderte. Insbesondere die große Bergwallfahrt vom Juli geriet zu einer eindrucksvollen Demonstration der starken Basis der hussitischen Bewegung – wobei sich um das Ereignis sogar Gerüchte von umstürzlerischen Plänen rankten.

Die tatsächliche Gefahr ging aber nicht von der Bergwallfahrt am 22. Juli aus, sondern von einem Ereignis am 30. Juli in Prag. Um die ständigen Konflikte in der Prager Neustadt zu beenden, setzte König Wenzel einen Tag vor dem 6. Juli, dem Todestag von Jan Hus, einen neuen, mehrheitlich antihussitisch besetzten Rat ein, der kurz darauf einige Anhänger des radikalen hussitischen Priesters Jan Želivskýs gefangen nahm. Nachdem Želivský nach der Frühpredigt am 30. Juli mit seinem Gefolge vor dem Rathaus in der Neustadt die Befreiung der Gefangenen forderte und die Räte dies ablehnten, kam es zur gewaltsamen Einnahme des Rathauses, bei der der Bür-

Das Rathaus in der Prager Neustadt entstand ab 1367. Anfang des 20. Jhds. wurde es rekonstruiert.

germeister, einige Räte und andere Personen aus dem Fenster geworfen und getötet wurden. Insgesamt 11 Personen kamen beim sogenannten „ersten Prager Fenstersturz“ ums Leben, der offenbar von langer Hand vorbereitet worden war. In den

Tagen danach war eine weitere Todesnachricht zu verzeichnen: Nach den beunruhigenden Nachrichten von der großen Wallfahrt und vom Neustädter Fenstersturz erlitt König Wenzel einen Schlaganfall, von dem er sich nicht mehr erholte. Er starb am 16. August 1419. In dieser aufgeheizten Situation hatte sein Tod für Böhmen schwerwiegende Konsequenzen: „Der Repräsentant der Staatsgewalt hatte der gesamtnationalen hussitischen Bewegung den Weg frei gemacht, die von der Revolte zur Revolution führte.“[102]

In den Tagen nach dem Fenstersturz kam es zeitweise zu anarchischen Situationen. Katholischen Pfarrern wurden die Kirchen entzogen, und in den Klöstern wurden Säuberungen durchgeführt.[103] Teilweise kam es zur Zerstörung von Ordenskonventen und zur Zertrümmerung von Bildern und Statuen. Die höheren städtischen Schichten in Prag empfanden die Volksmenge auf der Straße zunehmend als beängstigend. Auch auf den Führer des hussitischen Adels, Čeněk von Wartenberg, wirkte die Lage bedrohlich. Heimlich warb er Söldner an und schmiedete mit Königin Sophie, der Witwe des verstorbenen Wenzel, eine Allianz gegen die rebellischen Fraktionen der Hussiten. Als Hussiten aus den ländlichen Gebieten eine halbmilitärische Wallfahrt nach Prag unternahmen, kam es in der Stadt zu bewaffneten Auseinandersetzungen mit den angeworbenen Söldnern. Die militärisch eher schwachen Prager plädierten für einen Friedensschluss mit den Söldnern – zum Unverständnis der ländlichen Wallfahrer, die enttäuscht aus Prag abzogen. Sie werteten den Kompromiss der Prager als Verrat. Der Kern der späteren Spaltung der Hussiten zeichnete sich hier bereits ab. Während die gemäßigten Prager vom möglichen Dualismus zweier Konfessionen ausgingen, sahen die radikalen Kräfte nur die Möglichkeit der Bekehrung der Gesamtkirche. Eine Radikalisierung erfolgte durch die Tat von Kuttenberger Bergleuten, die 1600 Utraquisten umbrachten, indem sie sie in die Bergwerksschächte warfen. Umgekehrt hatten sich die utraquistischen Städte bisher auf die Vertreibung ihrer Gegner beschränkt, sie aber nicht getötet. Zunehmend stellte sich für die Hussiten der physische Kampf als eine Frage der nackten Existenz. Zuvor hatte die Universität bereits die Begründung für einen „gerechten Krieg" geliefert: Aus der Vorstellung des gerechtfertigten Widerstands ergab sich die Idee der verpflichtenden Gewaltausübung.[104]

In der Zeit nach dem Rückzug aus Prag verstärkten sich bei den ländlichen Hussiten chiliastische Tendenzen, die sich aufgrund verschiedener krisenhafter Verhältnisse in einigen Gebieten bereits ausgebreitet hatten: Die Demütigungen und die Verfolgung der Kelchgegner schien sie darin zu bestätigen, dass das Ende der Welt gekommen sei.[105] Sie sahen sich als „Auserwählte", für die es nun galt, in befestigten Städten Zuflucht zu suchen. Das Auserwähltsein bezog sich für sie jedoch nicht nur auf die Abgrenzung gegenüber den „Verworfenen", sondern auch auf die Aufgabe eines „Racheengels", das „Böse" auszurotten: von den Klöstern bis zu den Bordellen, aber auch bis zu den Burgen des katholischen Adels.

Luftbild von Tábor.

Nach der Eroberung der Burg Hradiště entstand hier eine dieser befestigten Städte, die später nach dem biblischen Vorbild Tábor genannt wurde: als Ort, an dem sich die „Wiederkehr des Herrn“ ereignen sollte. Innerhalb weniger Wochen wurde die neue Gemeinde als „Verheißung des Gelobten Lands“ zum

Das Hussitische Museum im Alten Rathaus in Tábor.

Reiterstandbild von Jan Žižka im Hussitischen Museum.

Anziehungspunkt für Tausende von Bauern und Handwerkern aus dem gesamten Umland, die gehört hatten, dass es hier weder Herren noch Untertänige geben sollte. Als musterhafte Gemeinschaft von Brüdern und Schwestern als Ersatz für das irdische Königreich Christi gegründet, etablierte sich hier ein „egalitärer Verbrauchskommunismus“[106], der ansatzweise bereits vorher erprobt worden war: Die Bewohner lieferten Lebensmittel, erspartes Geld und überflüssige Habseligkeiten ab, was der Allgemeinheit zugutekam. Ein Artikel soll folgende Bestimmung enthalten haben: „Item gibt es in Hradziste oder Tábor nichts, was mein oder dein Eigentum wäre, denn hier dient alles dem Gemeinnutz. Alle sollen alles im Gemeinbesitz haben und niemand soll ein Sondereigentum besitzen.“[107] In der Praxis hatten die Vorstellungen von einer egalitären Gesellschaft ohne Herren und Untertanen allerdings nicht lange Bestand. Materielle Nöte bedingten die Einführung von Abgaben, auch mehr oder weniger verdeckte Rangunterschiede traten hervor. Vor allem die „Picardenkrise“ zeigte die Grenzen der Gemeinschaft auf: Nachdem die Gruppe der Picarden die Seligmachung des Altarsakraments verneint hatte, wurden zunächst 50 Mitglieder auf dem Scheiterhaufen verbrannt, letztlich aber die gesamte Gruppe verfolgt und getötet.

Mit der Gründung der táboritischen Kommune hatte die hussitische Revolution symbolisch ihre Geburtsstunde erlebt.[108] Als erste Handlung wählte die táboritische Kommune vier Hauptleute, unter Ihnen Jan Žižka, der die hussitische Streitmacht später von Sieg zu Sieg führte. In den Anfängen bezogen sich die militärischen Aktionen noch auf Eroberungen in den umliegenden Gebieten. 1420 aber ereilte sie ein Ruf aus Prag, die Stadt gegen die herannahenden Truppen König Sigismunds verteidigen zu helfen.

Am 1. März stellte Papst Martin V. eine Kreuzzugsbulle aus, in der er zum Kampf gegen die „wyclifitischen und hussitischen Ketzer" aufrief. Auch König Sigismund, der Thronerbe Wenzels, war der Ansicht, dass sich sein Herrschaftsanspruch in Böhmen nur durch einen großen Heereszug im Zeichen des Kreuzes würde durchsetzen lassen, denn neben Prag gab es mittlerweile auch hussitische Bastionen im Westen Böhmens und in anderen Landesteilen.

Angesichts der Bedrohung von außen erließen die Vertreter der hussitischen Aristokratie und der Prager Städte am 20. April ein Manifest, in dem sie die Ritter, Barone und Bürger des Königreichs Böhmen und Mähren aufforderten, „sich von der Gefolgschaft des Verderbens und tyrannischen Feinds des Königreichs und der tschechischen Zunge, Sigismund, loszusagen."[109] Auch wurden vier Prager Artikel als programmatische Forderungen der Rebellen verkündet und fortan im ganzen Land und darüber hinaus verbreitet. Als gemeinsame Grundlage aller Hussiten enthielten die vier Artikel folgende Punkte: die Predigtfreiheit, das Abendmahl in beiderlei Gestalt, die Enteignung bzw. Armut der Kirche und die Bestrafung von Todsünden.

Nachdem sich Sigismunds Bedingungen für eine Kapitulation der Stadt für die Prager als unannehmbar erwiesen hatten, entschlossen sie sich, die Táboriten zu Hilfe zu rufen. Auch wenn die Verteidigung Prags durch die Verstärkung der

Denkmal für Jan Žižka auf dem Vítkov (Veitsberg) in Prag. Es handelt sich um das größte bronzene Reiterstandbild der Welt.

Táboriten auf 9 000 Mann anwuchs, stand Prag dennoch ein zahlenmäßig überlegenes Heer von 30 000 Mann gegenüber.

Entschieden wurde der Kreuzzug am Veitsberg bei Prag[110]: Reiter Sigismunds wollten dort eine Befestigung beseitigen, die Jan Žižka zur Verteidigung der Stadt errichtet hatte. Ihr Angriff wurde von ihm und seinen Kämpfern zurückgeschlagen, etliche kehrten in panischer Flucht um. Als Sigismund erkannte, dass seine Vision eines leichten Sieges gegen Prag nicht umsetzbar war, zog er sich, nachdem er sich im Veitsdom noch schnell zum böhmischen König krönen ließ, mit seinem Heer zurück – der erste Kreuzzug war gescheitert.

Insgesamt fünf Kreuzzüge wurden gegen die hussitischen Rebellen unternommen – und allesamt endeten sie in Niederlagen. Die Erfolge der Hussiten gründeten zum einen in ihrem Heerführer: Der schon zu seinen Lebzeiten legendäre Jan Žižka war ein ausgezeichneter Stratege, der seine Truppen zudem straff organisierte und eine auf strenger Disziplin beruhende

Das Fresko am Rathaus von Stríbro (Mies) erinnert an die Schlacht von 1427.

Heeresordnung durchsetzte. Ein zweiter Grund für die Erfolge lag in der Kampftechnik: Zum ersten Mal setzten die Hussiten in größerem Maße Feuerwaffen ein, weiterhin nutzten sie gepanzerte Wagen, die sie zu Wagenburgen aufstellen konnten, die Schutz boten, eine Basis für Ausfälle darstellten und auch im Kampf selbst eingesetzt wurden – als kleine mobile Bastionen, mit denen schnell und flexibel reagiert werden konnte. Auch die seelsorgerisch-ideologische Betreuung der Krieger durch die hussitischen Priester dürfte eine Rolle gespielt haben. „Und die Frauen zogen an der Seite ihrer Männer mit, sie ließen sich auch im Gottesdienst ihren Platz nicht mehr streitig machen und übten teilweise priesterliche Funktionen aus."[111] Žižka schuf eine schlagkräftige Volksarmee, die nicht aus Söldnern bestand, sondern aus „Gotteskriegern", die für ihre eigene, „heilige" Sache kämpften und entsprechend motiviert waren.

Innerhalb kurzer Zeit eroberten die Táboriten große Teile Böhmens. Prag verlor dagegen machtpolitisch an Bedeutung.

Auch die zwischenzeitliche diktatorische Herrschaft des radikalen Predigers Jan Želivský dauerte nicht lange: Er wurde 1422 hingerichtet.

Nach Žižkas Tod im Jahr 1424 wurde Prokop der Große sein Nachfolger. Er verfolgte eine offensivere Politik, die nicht nur große Heerfahrten durchführte, sondern auch auf Anerkennung des Hussitenreiches durch den Westen aus war. Im Jahr 1429 verhandelte Prokop persönlich mit König Sigismund. Die Hussiten forderten, bis 1431 ein neues Konzil in Basel einzuberufen, das die Glaubensfragen klären sollte. Der Papst jedoch initiierte ein weiteres Kreuzzugsheer, das 1431 bei Taus in die Flucht geschlagen wurde. „Kein anderes Scheitern der Reichsheere war schmählicher als die kopflose Flucht des großen Kreuzheers in den böhmischen Wäldern um Taus."[112]

Es sollte sich jedoch herausstellen, dass die eigentliche Gefahr nicht von außen ausging, sondern innerhalb der hussitischen Bewegung selbst erwuchs. Die schon lange angelegte Spaltung in einen radikalen Flügel und die gemäßigten Utraquisten besiegelte schließlich das Schicksal der hussitischen Revolution. Während die Radikalen auf ihren weitgehenden Forderungen beharrten, waren die Gemäßigten bereit, sich mit der Reform des Glaubens und einer Sonderstellung Böhmens zufriedenzugeben. Eine Einigung zwischen beiden Lagern war nicht mehr möglich. Die

Denkmal zur Erinnerung an die Schlacht von Lipany.

Utraquisten verbündeten sich mit dem katholischen Hochadel und stellten sich den Radikalen 1434 in der Schlacht bei Lipan (tschech. „Lipany").

Durch eine List gelang es den gemäßigten Utraquisten, die Radikalen aus ihrer Wagenburg auf das offene Feld zu locken, wo sie gegen die Übermacht keine Chance mehr hatten: 13 000 Táboriten und Kämpfer anderer Bruderschaften wurden getötet, unter ihnen auch Prokop der Große.[113]

Einen wichtigen Meilenstein setzte das von 1431 bis 1437 abgehaltene Konzil von Basel. Auf ihm wurden zwischen Böhmen und dem Konzil die Prager Kompaktaten ausgehandelt. Der böhmischen Kirche wurden 1433 eine Sonderstellung und einige Zugeständnisse gewährt. Insbesondere wurde ihr die Durchführung des Abendmahls in beiderlei Gestalt erlaubt. Im Sommer 1436 kam es schließlich zur Ratifizierung der Iglauer Kompaktaten in Anwesenheit von Kaiser Sigismund. Sie regelten das Verhältnis Böhmens zur katholischen Kirche und zum Heiligen Römischen Reich.

Den Kelch auf den Fahnen: Historischer Umzug beim jährlich stattfindenden Táborer Treffen.

„Wir alle sind Hussiten“

Jan Hus und Martin Luther

Wohl aus dem Umfeld von Martin Luther wurde eine angeblich von Jan Hus stammende Prophezeiung in Umlauf gebracht, wonach aus der Asche der gebratenen Gans (*Husa* heißt auf Tschechisch „Gans“) ein Schwan (der Schwan ist das Wappentier Luthers) entstehen werde: „Ihr bratet jetzt ein Huss, das ist ein Gans, aber nach hundert Jahren wird aufstehen labod, das ist ein Schwan, der da singen wird und wird von euch nicht gebraten werden.“ Und Luther bestätigte: „Und ist also geschehen. Er ist verbrandt anno 1416. So ging dieser Hader an mit dem Ablass anno 1517.“[114]

Luther ging davon aus, dass der Mensch nicht durch seine Werke, sondern allein durch die Gnade Gottes gerecht wird. Dies berührte einen entscheidenden Punkt der Kirchenlehre: den Ablass der Sünden gegen Geld. Wenn die Gerechtigkeit nämlich von der Gnade Gottes abhängt, dann ist es unmöglich, dass die Kirche gegen Geld den Menschen ihre Sünden vergeben kann. Dem zu dieser Zeit blühenden Ablasshandel war damit die Grundlage entzogen – und der Kirche eine reichlich sprudelnde Geldquelle.

1517 schlug Martin Luther in Wittenberg seine 95 Thesen an die Kirchentür, um nach der heftigen Kritik, mit der er konfrontiert war, seine Meinung zu diskutieren und zu verteidigen. Aus der theologischen Disputation entwickelte sich schnell eine ganz grundsätzliche Kritik am Papsttum und an den Grundlagen der damaligen Kirche, auf die die römische Kurie 1521 mit dem Bann über Luther reagierte.

Wie bei Jan Hus 100 Jahre zuvor markierte auch bei Martin Luther der Ablassstreit eine zentrale Stelle seiner grundsätzlichen Auseinandersetzung mit der römischen Kirche, die in eine Radikalisierung seiner Ansichten mündete. Zu dieser Zeit sah Luther aber noch keine Verbindungslinien zu Hus. Im Gegenteil: „Noch 1518 riet er dem Papst, seine Inquisitoren in die böhmischen Länder zu schicken, die voller Ketzer seien."[115] Luther hatte sich in dieser Zeit noch nicht eingehender mit Jan Hus befasst. Dies änderte sich erst 1519 durch Luthers intensive Beschäftigung mit den Akten des Konstanzer Konzils, der allerdings auch eine Provokation zugrunde lag: Während der sogenannten Leipziger Disputation versuchte Luthers Gegner, der Theologieprofessor Johannes Eck, ihn mit den böhmischen Ketzern in Verbindung zu bringen. Aus dem Publikum wurde Luther sogar als „Böhmenpatron" angegangen. Luther konterte, dass unter den in Konstanz verurteilten Artikeln von Hus viele sehr christliche und sehr evangelische

Luther-Denkmal in Worms. Von Ernst Rietschel geschaffen und 1968 enthüllt. Es gilt als eines der weltweit größten Reformationsdenkmäler.

seien. Er deutete mit dieser Bewertung an, was er später offen aussprach, nämlich dass sich das Konzil in Konstanz geirrt habe. „Damit hatte er sich eindeutig außerhalb des Konsenses der römischen Kirche gestellt.“[116] Ob es um die göttliche Vorherbestimmung der Glieder der Kirche, die Verfehlungen der Priester, die Autorität des Papstes, die Bereicherung des Klerus oder die Ablasspraxis ging: Luther stieß auf viele Themen, die sich auch im Grundbestand der reformatorischen Lehre wiederfanden.

Ganz entschieden zeigte sich Luthers Meinungswechsel nach der Lektüre von Hus‘ Traktat „De ecclesia“, den er nach der Leipziger Disputation vom Prager Utraquisten Wenzel von Rozdalovsky erhielt. In einem Brief erklärte Luther 1520: „Ich Ahnungsloser habe bisher alles von Jan Hus gelehrt und vertreten (…). Kurz: Wir sind alle Hussiten, ohne es gewusst zu haben, schließlich auch Paulus und Augustinus (…). Ich weiß vor Staunen nicht, was ich denken soll, wenn ich das schreckliche Urteil Gottes über den Menschen sehe, nämlich, dass die völlig offenbare evangelische Wahrheit, vor länger als 100 Jahren verbrannt, für verdammt gilt und man dies nicht bekennen darf.“[117] Ein Jahr zuvor hatte er den Traktat des böhmischen Reformators „De ecclesia“ in 2000 Exemplaren drucken lassen, und für Hus‘ Briefe aus dem Gefängnis steuerte er sogar ein Vorwort bei.

„Ein erhebliches Provokationspotential ergab sich daraus, dass Luther ab November 1519 öffentlich für die communio sub utraque specie, also für das Abendmahl ‚unter beiderlei Gestalt‘, – Brot und Wein – eintrat. Er nahm mit bestem biblischen Gewissen damit eine Praxis auf, die, in Konstanz verboten, zum Symbol des Hussitismus geworden war: den Laienkelch. Er wurde zu einem der wirksamsten Zeichen reformatorisch gewandelter religiöser Gesinnung.“[118]

Es blieb nicht nur bei der Identifizierung gemeinsamer Themen oder der Angleichung von liturgischen Praktiken.

Aus dem Prager Kleinseitner Gesangbuch (16. Jhd.). Rechts Abbildungen der drei Reformatoren: John Wyclif, Jan Hus und Martin Luther.

Luther trat auch offen für eine Union mit den Hussiten ein. Und es wurden Verbindungen zwischen hussitischen und reformatorischen Gruppierungen geknüpft, etwa zu den Böhmischen Brüdern. Nicht in jedem Fall waren diese Kontakte allerdings auch erfolgreich. Thomas Müntzer beispielsweise, der die radikale Strömung der Reformation vertrat, reiste 1521 nach Prag, um dort die „neue Kirche“ kennenzulernen. Er predigte auch in der Bethlehemskapelle. Doch seinen Gastgebern erschien er in seinen Meinungen zu radikal. Sie belegten ihn mit einem Predigtverbot.[119]

Nachdem Martin Luther mit dem Kirchenbann belegt wurde, sollte er verhört werden, bevor über ihn auch noch die Reichsacht verhängt wurde. Gegenüber der Aufforderung, seine Lehren zu widerrufen, erklärte er auf dem Reichstag in Worms: „Wenn ich nicht durch Schriftzeugnisse oder einen klaren Vernunftgrund überzeugt werde (denn weder dem Papst noch den Konzilien allein glaube ich, da feststeht, dass sie öfter geirrt und sich selbst widersprochen haben), so bin ich durch die von mir angeführten Schriftstellen bezwungen; und da mein Gewissen durch die Worte Gottes gefangen ist, kann und will ich nicht widerrufen, weil wider das Gewissen etwas zu tun weder sicher noch heilsam ist.“[120] Auch hier finden sich interessante Parallelen zu Jan Hus: die Berufung auf das Gewissen, die Ansicht, dass Päpste irren können und die Weigerung zu widerrufen, falls er nicht durch Schriftzeugnisse überzeugt würde. Anders als bei Jan Hus wurde das Geleitversprechen bei Martin Luther aber gehalten – auch wenn Kaiser Karl V. dieses Versprechen hinterher bereute.

Martin Luther blieb auch später bei seiner großen Wertschätzung des böhmischen Reformators, wie eine Äußerung von 1536 belegt: „Hus besaß einen ungeheuren geistlichen Mut, allein mit seinem Wort widerstand er Nationen (…); ihr Geschrei ertrug er allein und erlitt den Tod – und dieser Tod wird nun gerächt.“[121] Für Luther ergab sich mit Hus eine sinnhafte Genealogie der Reformation, ein Vermächtnis, das nun eingelöst wurde. Zu diesem Vermächtnis gehörte konsequenterweise auch, dessen Lehre wieder öffentlich zugänglich zu machen. Luther hatte mit der Publikation von Hus' Traktat „De ecclesia" einen ersten Schritt getan, dem weitere folgten: „Dieser Druck steht am Anfang der lebhaften Bemühungen um das literarische Erbe des böhmischen Theologen in den Kreisen der Protestanten, die während des weiteren 16. Jahrhunderts anhielten und in der ersten Hus-Gesamtausgabe des lutherischen Theologen Matthias Flacius 1558 ihren Höhepunkt erreichten. Unter den „Wahrheitszeugen" (*testes veritatis*), die die lutherische Kirchengeschichtsschreibung unter den Depravationen der Papstkirche aufspürte, war Jan Hus der prominenteste."[122] Für den Historiker Ferdinand Seibt ist klar: „Eigentlich begann die Reformationsgeschichte eben nicht bei Luther, sondern bei Johannes Hus."[123]

Skulptur von Jan Hus. Ausschnitt aus dem Luther-Denkmal in Worms. Hus betrachtet nachdenklich das Symbol der römischen Kirche.

„Wir haben kein Gefühl, dass wir Ketzer sind"

Auf dem Weg in die Gegenwart

Durch die „Prager Kompaktaten" des Basler Konzils konnte sich die utraquistische Kirche für die nächsten 150 Jahre etablieren; der römische Katholizismus blieb in Böhmen zunächst eine Minderheitskonfession. Neben der utraquistischen Kirche gründete sich 1457 die Gemeinschaft der Böhmischen Brüder, die 1467 durch die Wahl eines eigenen Priesters faktisch zu einer Kirche wurde. Die Brüder-Priester lebten nicht von Abgaben, sondern mussten ihren Lebensunterhalt durch eigene Arbeit bestreiten – nach dem Vorbild der biblischen Apostel. Die Glaubensgemeinschaft war geprägt von sittlicher Strenge; auch herrschte zunächst ein Misstrauen vor gegenüber vielem, was mit Bildung, Handel und Vermögen zu tun hatte. Allerdings geht auf die Böhmischen Brüder die erste tschechische Übersetzung der Bibel aus den Originalsprachen Hebräisch und Griechisch zurück.

Die Gemeinschaft der Böhmischen Brüder hatte auch Anteil daran, dass sich während der Reformation die lutherische Konfession in Böhmen ausbreitete. Für die Utraquisten stellte die lutherische Reformation einen Scheideweg dar: Die traditionellen „Altutraquisten" neigten immer mehr der katholischen Kirche zu, die „Neuutraquisten" dagegen schlossen sich den neuen Reformationsgedanken an.[124]

Der Majestätsbrief von Kaiser Rudolph II. ermöglichte 1609 für eine kurze Zeit die Existenz der lutherischen Kirche in Böhmen. Doch als nach Ausbruch des Dreißigjährigen Krieges die protestantischen Stände 1620 die Schlacht am Weißen Berg gegen Kaiser Ferdinand verloren hatten, begann die Ära der Rekatholisierung. Gut 30 000 evangelische Familien mussten in der Folge das Land verlassen, da sie es ablehnten, zum Katholizismus zu konvertieren.

Erst das Toleranzpatent von Kaiser Joseph II. im Jahr 1781 ermöglichte wieder das Bekenntnis zur lutherisch-reformierten Konfession. Sich zur Tradition der böhmischen Reformation zu bekennen, war allerdings auch zu dieser Zeit noch nicht möglich. Hier fürchtete die österreichisch-ungarische Monarchie ein zu starkes Anwachsen des nationalen Selbstbewusstseins. Erst durch die neue Evangelische Kirche der Böhmischen Brüder (1918) und durch die Gründung der Tschechoslowakischen Kirche (seit 1971 Tschechoslowakische Hussitische Kirche) als Abspaltung von der Römisch-Katholischen Kirche im Jahr 1920 wurden wieder offiziell Brücken zur böhmischen Reformation gebaut. Das historische hussitische Erbe konnte wieder Eingang in die Kirchenlehre der Gegenwart finden. Heute sind Kontakte zwischen den Kirchen eine Selbstverständlichkeit, wie zum Beispiel beim großen Hus-Symposium 1999 in Rom. Papst Johannes Paul II. hatte damals nicht nur die Vertreter der Tschechoslowakischen Hussitischen Kirche empfangen, sondern auch sein tiefes Bedauern über den grausamen Tod von Jan Hus geäußert. Der Dekan der Hussitischen Fakultät der Karls-Universität Prag, Jan Blahoslav Lásek, äußerte sich zum Verhältnis mit Rom: „Wir haben kein Gefühl, dass wir Ketzer sind. Man ist mit uns wie mit geteilten Brüdern verfahren, wie mit den Vertretern anderer Konfessionen.“[125]

In der St. Nikolaus-Kirche am Altstädter Ring hält die Tschechoslowakische Hussitische Kirche ihre Gottesdienste ab.

„Die Sonne des 19. Jahrhunderts lächelt“

Zwischen politischer Vereinnahmung und Erinnerungskultur

Macht ist ein genealogischer Faktor – das lässt sich am Beispiel von Jan Hus anschaulich zeigen: „Im Gefolge der Niederlage der protestantischen böhmischen Stände in der Schlacht am Weißen Berg 1620 sowie der sich anschließenden Rekatholisierung wurde die Verehrung Hussens in seiner Heimat durch die Habsburger mit aller Härte unterdrückt, während die barocke Frömmigkeit den hl. Wenzel und den 1729 heilig gesprochenen Johannes von Nepomuk in den Vordergrund rückte und das Aufblühen der böhmischen Länder unter Karl IV. akzentuierte, Hus und das Hussitentum hingegen nur noch eine marginale Rolle spielten und aus dem nationalen Gedächtnis nahezu verschwanden.“[126] Erst mit der Aufklärung und nach dem Toleranzpatent von Kaiser Joseph II. wurden Hus und die Hussiten als historisches Thema wiederentdeckt. Beispielsweise veröffentlichte der Prager Kirchenhistoriker Kasper Rayko 1780 bis 1785 eine vierbändige Geschichte des Konstanzer Konzils, in der er Hus‘ Haltung verteidigte. Auch außerhalb Böhmens fand Jan Hus Aufmerksamkeit. „In der Zeit der Restauration und Repression nach dem Wiener Kongress (1815) sahen die deutschen Liberalen in Jan Hus einen Vorkämpfer für Gewissensfreiheit.“[127] Doch wie eng die Grenzen für eine neue Erinnerungskultur in jener Zeit gesetzt waren, zeigen exemplarisch die Versuche in Konstanz, eine Brücke zur Vergangenheit zu bauen.[128]

Es war der Konstanzer Bürgermeister Karl Hüetlin, der die neue Hus-Rezeption „praktisch“ werden lassen wollte. Hüetlin veröffentlichte 1834 eine Denkschrift, in der er Hus als Identifikationsfigur für den Geist einer großen europäischen Versöhnung vorstellte. In diesem Kontext sollte ein „großartiges Denkmal“ an der Stelle errichtet werden, wo Jan Hus und Hieronymus von Prag nach ihrer Verurteilung auf dem Konzil verbrannt wurden. Doch Metternichs Intervention vereitelte diese Pläne. Das Ministerium der Regierung des Großherzogtums Baden in Karlsruhe wies Hüetlin an, alles zu unterlassen, „was zu diesem Gegenstand Bezug habe“.

Auch einem zweiten Versuch Hüetlins, Hus zu ehren, war kein Glück beschieden. Am 18. Dezember 1840 lief ein Dampfschiff vom Stapel, das zunächst auf den Namen „Jan Hus“ getauft wurde. In einer Sitzung der Dampfschifffahrts-Gesellschaft intervenierte jedoch ein Vertreter der Regierung Badens, die ein beträchtliches Aktienpaket an der Gesellschaft besaß, unverzüglich eine Namensänderung vorzunehmen. Andernfalls müsse man mit einem Landeverbot in den Staaten Bayern und Österreich rechnen. Als dies auch weitere Ausschussmitglieder bestätigten, beschloss der Verwaltungsrat der Dampfschifffahrts-Gesellschaft am 16. Februar 1841 die Umtaufe: Aus dem Dampfschiff „Jan Hus“ wurde schließlich die „Helvetia“. Nach der Niederschlagung der badischen Revolution von 1848/49 hatte liberales Gedankengut, wie es Hüetlin vertrat, auf längere Sicht keine Chance mehr, sich zu artikulieren. Hüetlin selbst musste ins Exil gehen.

Es dauerte rund 20 Jahre, bis das Thema „Jan Hus“ erneut auf die Tagesordnung der Konstanzer Kommunalpolitik rückte. Mit dem Regierungsantritt Großherzog Friedrichs I. im Jahr 1858 und der einsetzenden Liberalisierung hatten sich die politischen Rahmenbedingungen inzwischen wieder geändert. Eine Gruppe von Bürgern startete 1861 eine Initiative, zur Erinnerung an Jan Hus im „Paradies“ auf dem vermutlichen

Historische Postkarte des Hussensteins in Konstanz. Der Stein war das erste Denkmal für Jan Hus überhaupt.

Platz seiner Verbrennung einen Gedenkstein zu errichten. Die Spenderliste, die in der *Konstanzer Zeitung* am 21. Januar 1862 veröffentlicht wurde, wies beachtliche 200 Bürger auf, darunter durchaus bekannte und renommierte Namen. Sogar aus den Vereinigten Staaten kamen finanzielle Mittel. „Theilweise ehemalige Bürger von Konstanz", die nun in „Neu-York" lebten, steuerten einen beträchtlichen Teil dazu bei, das Denkmal zu finanzieren: „dem Opfer kaiserlichen Wortbruchs und Märthyrer seiner aufrichtigen religiösen Überzeugung". Zusätzlich solle der Stein aber auch stehen für die „Achtung verschiedener religiöser Meinungen" – ein Appell im Gedanken konfessionsübergreifender Toleranz aus Übersee.

Nicht überall stießen die Pläne eines Gedenksteins auf Gegenliebe. Die *Konstanzer Zeitung* vom 27. März 1862 berichtete von einem Artikel des *Karlsruher Anzeigers*, wonach in Konstanz „neue Hussiten auferstanden seien" und dass die Errichtung eines „Monumentes" eine „starke Zumuthung an eine Regierung“ sei; schließlich habe Hus „Behauptungen der sonderbarsten und gefährlichsten Art gethan, die man auch gegen die weltliche Macht des Kaisers und jedes Fürsten habe missdeuten und missbrauchen können, und deshalb habe er nach den damaligen Gesetzen hingerichtet werden müssen.“

Die *Konstanzer Zeitung* wandte sich gegen diese rückwärtsgerichteten Ansichten: „Es ist daher gewiss kein Vergehen gegen irgendeine Religionsgemeinschaft noch gegen den Staat, sondern nur ein der gebildeten, für geschichtliche Ereignisse sich interessierenden Menschheit schuldiges Opfer, wenn endlich nach mehr als 400 Jahren die Stätte, wo ein so blutiges und folgenschweres Drama der Geschichte abgespielt wurde, mit einem Stein bezeichnet und der Nachwelt überliefert wird.“ Doch es sollte nicht allein um eine Form der Überlieferung gehen, sondern auch um einen Sieg der Aufklärung und des Fortschritts gegenüber der Vergangenheit: „Die Sonne des 19. Jahrhunderts hat die Nacht und Nebel des Mittelalters zerstreut und lächelt nun über der gefeierten Brandstätte des böhmischen Märthyrers, wie über den gesegneten Grabhügeln der vaterländischen Todten.“ (*Konstanzer Zeitung* vom 28. März 1862)

Nachdem man die erforderliche Summe für den Gedenkstein aufgebracht hatte, konnte das Projekt schließlich umgesetzt werden: Das Komitee kaufte einen Hunderte Zentner schweren Findling, der bei Bauarbeiten für die Eisenbahn gefunden worden war. Am 6. Oktober 1862 erfolgte eine öffentliche Grundsteinlegung und danach die Positionierung des schwärzlichen Kalksteins als Gedenkstein mit den eingeschliffenen Namen von Jan Hus und Hieronymus von Prag. Drei Jahre später wurde auf Betreiben des Altgemeinderates Karl Zogelmann noch eine gusseiserne Einfriedung angebracht. Schon bald nach der Einweihung setzte ein reger Besucherstrom ein, zumeist aus Tschechien. Anfänglich wurden diese Besuche noch misstrauisch verfolgt. So hieß es in der

Konstanzer Zeitung vom 12. April 1868: „Die Ultraczechen beabsichtigen dem Vernehmen nach, den 453. Jahrestag des Todes von Johannes Hus, den 6. Juli d. J., zu einer Wallfahrt nach Konstanz zu benutzen. So wenig wir geneigt sind, die reformatorische und humanistische Bedeutung des Martyriums für Wahrheit und Fortschritt, wie Hus es erduldete, zu unterschätzen, so sind wir deshalb doch kein Verehrer der fanatisch-nationalczechischen Tendenz, welche vielleicht als ein leiser Flecken dem Andenken des Märtyrers anklebt; (…) Indessen mögen die Tschechen in Gottes Namen kommen; wir werden ihnen nichts in den Weg legen, im Gegentheil. Nur dass wir mit ihrer Sache sympathisieren, dürfen sie nicht von uns verlangen.“

Vermutlich aufgeschreckt von diesen offen formulierten Vorbehalten veröffentlichte ein Komitee von Besuchern am 4. Juli 1868 in der *Konstanzer Zeitung* einen Aufruf „An die Bewohner der altehrwürdigen Stadt Constanz“, in dem in aller Ausführlichkeit die Motive für den Besuch der Stadt und der Gedenkstätte erläutert wurden, in der Hoffnung, dass die

Der Hussenstein in Konstanz heute. Neben der Gravur für Jan Hus erinnert ein weiterer Schriftzug an Hieronymus von Prag.

Eine Tafel in deutscher und tschechischer Sprache weist auf den mutmaßlichen Ort der Verbrennung von Jan Hus hin.

Konstanzer Bürger „uns freundlich vergönnen werden einen Moment auf der uns heiligen Stätte zu verweilen“. So vermeldete die *Konstanzer Zeitung* dann am 8. Juli 1868: „Die heute stattgefundene Wallfahrt der Czechen zum Hussenstein hat einen Verlauf genommen und einen Charakter an sich getragen, welche nicht anders als würdig genannt werden können. Politische Sympathien können wir mit den Pilgern nicht haben, menschliche Teilnahme aber haben sie in reichem Maße sich erworben.“

Ab diesem Zeitpunkt gehörte der Besuch des Hussensteins in Konstanz zu einem wichtigen Programmpunkt tschechischer Gäste, vor allem auch am Jahrestag der Verbrennung von Jan Hus am 6. Juli.

Die Errichtung des Hussensteins und seine Rezeption in der Öffentlichkeit zeigen beispielhaft, welche unterschiedlichen Wertungen mit der Geschichte von Jan Hus nach wie vor verbunden waren – bedingt durch die national-emanzipatorischen Bemühungen der Tschechen einerseits und die offensichtlichen nationalen Gegensätze zwischen Deutschen und Tschechen andererseits. Auf tschechischer Seite bestimmte im 19. Jahrhundert vor allem der Historiker Frantisek Palacky den Rahmen für eine neue Konzeption und Wahrnehmung der tschechischen Geschichte. Für ihn stellte die Hussitenzeit die Blütezeit der mittelalterlichen Geschichte Böhmens dar. Umgekehrt verurteilte der aus Süddeutschland stammende Prager Historiker Konstantin von Höfler Jan Hus und die Hussiten sowohl aus moralischer wie deutschnationaler Sicht.[129]

Die zunehmende Beschäftigung mit Jan Hus und die Verbreitung des historischen Wissens um sein Leben und seine Zeit bewirkten, dass die hussitische Tradition eine „tragende Achse“ der Nationalgeschichte wurde. So fand 1869 in Hus‘ Geburtsort Hussinetz die erste große Feier zu Ehren des Reformators statt. Seit dieser Zeit wurde Hus als „nationaler Märtyrer für die Wahrheit gefeiert“,[130] ja sogar als Kämpfer für die Ideale von Demokratie und Fortschritt. Auch für den Philosophen, Politiker und späteren Staatsgründer Thomas G. Masaryk wurde Jan Hus zur „idealen Identifikations- und Integrationsfigur für die Frage nach der tschechischen Geschichte“,[131] insbesondere weil er geschickt das religiöse Ethos mit dem nationalen Anliegen verband.

In Prag gab es zu dieser Zeit wie 50 Jahre zuvor in Konstanz ebenfalls Bemühungen, an Jan Hus in der Öffentlichkeit zu erinnern. Doch auch hier waren die Pläne mit erheblichen Schwierigkeiten verbunden. 1889 veröffentlichten einige tschechische Schriftsteller einen Aufruf zur Finanzierung eines Hus-Denkmals, dem ein Jahr später die Gründung eines Vereins folgte – „trotz eines anfänglichen Verbots der österreichischen Staatsorgane.“[132] Es dauerte allerdings noch einige Jahre, bis der Prager Ältestenrat 1899 dafür stimmte, das Denkmal auf dem Altstädter Ring aufzustellen. Der Beschluss

erfolgte unter massivem Protest der katholischen Presse, denn der Standort befand sich nicht nur auf dem zentralen Platz in der Prager Altstadt, sondern auch in der Nähe der barocken Mariensäule, einem Symbol der Gegenreformation. Die Grundsteinlegung des Denkmals erfolgte am 5. Juli 1903 im Beisein einer riesigen Menschenmenge, wobei die Festredner Jan Hus als „größten und edelsten Helden des tschechischen Volkes" priesen.[133] Erst 12 Jahre später konnte das vom Bildhauer Ladislav Šaloun gefertigte monumentale Denkmal enthüllt werden. Das Ereignis fand zum 500. Todestag des Reformators statt – bedingt durch den Ersten Weltkrieg und die österreichische Zensur allerdings nur im kleinen Rahmen. Die Nähe zur Mariensäule währte übrigens nicht allzu lange: Die Säule wurde nach dem Krieg als Symbol der untergegangenen Monarchie im November 1918 beseitigt.

Die Entdeckung von Jan Hus als Vorkämpfer für die Gewissensfreiheit im Liberalismus oder als Integrationsfigur für

Zeichen der Erinnerung in der Tschechischen Republik: Hus-Denkmal in Beroun; kleines Denkmal mit dem Kelch in Smržovice; Hus-Denkmal in Pilsen Doubravka (v.l.n.r.).

die tschechische Nationalbewegung oder die Verurteilung als Deutschenhasser durch die Deutschnationalen blieben nicht die einzigen Deutungsmuster, die der böhmische Reformator im 19. und 20. Jahrhundert erfuhr. Die kommunistische Partei Tschechiens sah in Hus in den 1920er-Jahren einen Kämpfer gegen die ausbeuterischen Klassen und im Hussitentum einen Vorläufer der proletarischen Revolution. Dem tschechischen Widerstand diente Jan Hus während der nationalsozialistischen Okkupation als Symbolfigur im Kampf gegen die deutschen Besatzer, während umgekehrt die Nationalsozialisten die wenigen Erfolge der kaiserlichen Truppen im bayerisch-böhmischen Grenzgebiet während der Hussitenkriege propagandistisch für sich ausschlachteten. Nach dem Krieg wurde Hus zunächst als Legitimation für die Abschiebung der Deutschen aus der Tschechoslowakei vereinnahmt; später wurde er zum Sozialrevolutionär erhoben, dessen Ziele in der Gegenwart durch die Kommunisten erfüllt würden.

Aber auch für die Dissidenten stand Jan Hus als Vorbild zur Verfügung: als Kämpfer für die Wahrheit. „In der Wahrheit leben“, das war auch der Wahlspruch des einstigen Dissidenten und späteren Präsidenten der Tschechischen Republik, Václav Havel.[134]

Auf dem Wenzelsplatz in Prag: Der böhmische Reformator ist auch heute noch aktuell. „Jan Hus – steht in der Wahrheit Christi“, heißt es auf dem Plakat.

„Die Wahrheit siegt"

Epilog

Jan Hus ist eingetreten für eine Reform der Kirche, er wollte eine Kirche, die näher bei den Menschen ist, und er wollte seine Ideen auf dem Konstanzer Konzil vertreten und verteidigen. Er vertraute auf die Kraft des Wortes, auf die Idee, dass die Wahrheit im Austausch der Argumente gefunden werden konnte. Doch die andere Seite sah in ihm nur den Ketzer und fällte ihr Urteil. Hus wurde verurteilt und verbrannt. Das war – nach dem kanonischen Recht des 15. Jahrhunderts – die vorgesehene Strafe für einen Häretiker, jemanden, der eine falsche Kirchenlehre vertritt. Seit ab dem 11. Jahrhundert die Päpste Gewalt im Dienst und Auftrag der Kirche unter bestimmten Bedingungen legitimierten, war auch Gewalt gegen Ungehorsame und Kritiker erlaubt.[135] Doch war Jan Hus tatsächlich ein Häretiker? Für Walter Brandmüller, den Historiker des Vatikans, ist die Sache eindeutig: „Kein Zweifel, Hus war ein frommer, gewissenhafter Priester." Aber: „Hus war zweifellos Häretiker hinsichtlich seines Kirchenbegriffs."[136] Es gibt allerdings auch Stimmen, die dies verneinen.[137]

Peter Hilsch meint, dass die Frage, ob Hus vom Konzil „zu recht" zum Ketzer erklärt wurde, im Grunde genommen falsch gestellt ist, denn jeder, der in einem kanonischen Prozess wegen Häresie verurteilt wurde, war eben ein Ketzer. Und dass das Verfahren auf dem Konstanzer Konzil in sich formal korrekt war, hat Jiři Kejř in seiner Untersuchung zur „Causa Hus" gezeigt: „Was uns heute grausam und ungerecht erscheint, wurde damals nach den präzisen Vorschriften des kanonischen Rechts durchgeführt. Die erbarmungslose Kerkerhaft, die Ablehnung der Unterstützung durch einen Advokaten, die Form der Entweihung – das alles entsprach den Regeln der damaligen Gerichtsbarkeit der Kirche.“[138] Aufschlussreicher als die Frage nach der „Rechtmäßigkeit“ des Urteils ist für Peter Hilsch die Frage, warum Jan Hus zum Ketzer gemacht wurde. Seine Antwort: Der höhere böhmische Klerus fürchtete „die Zerstörung der bisherigen Ordnung, die Anfänge einer revolutionären Entwicklung“. Auch die Konzilsväter sahen, dass die Konsequenz von Hus‘ anderem Kirchenverständnis zur Auflösung der Kirchenhierarchie und ihrer Herrschaftsstrukturen führen musste. „Ihre Reformabsicht richtete sich allenfalls auf die Reparatur, nicht auf die grundsätzliche Veränderung der bestehenden Kirche.“[139] Auch wenn der Prozess gegen Jan Hus – von den formalen historischen Bedingungen her betrachtet – nach der Logik der Juristen offenbar nicht zu beanstanden ist, stellt sich auch nach 600 Jahren dennoch die Frage einer moralischen Rehabilitierung seiner Persönlichkeit und seines Schaffens. „Ich aber werde ein Nagel in eurem Herzen sein“ – dieser Satz, den Hieronymus von Prag den Richtern nach seiner Verurteilung entgegnete, hallte als ein Echo aller gewaltsam unterdrückten reformatorischen Bemühungen durch die folgenden Jahrhunderte und hat auch heute nichts von seiner überzeugenden Bildhaftigkeit eingebüßt, die auf der Gewissheit beruht, dass Unrecht – wie auch immer es historisch begründet sein mag – nicht vergeht.

„Die Wahrheit siegt“: Diese Überzeugung von Jan Hus mag uns heute auf den ersten Blick mit ihrer pathetischen Note etwas fremd erscheinen. Doch auf den zweiten Blick müssen wir zugeben, dass genau diese Überzeugung letztlich unsere Hoffnung auf eine lebenswerte Gemeinschaft trägt, die sich an dem Wahrhaftigen oder Richtigen orientiert. Hus mag mit „Wahrheit“ etwas anderes verstanden haben, als wir das heute tun. Ohne den Anspruch, sich in „Wahrheit“ zu begegnen, ist aber eine friedliche Gesellschaft – auch bei unterschiedlichsten Interessenlagen – vermutlich nur schwer möglich.

Bildquellen

© Heinz Albers: S. 6; © Peter Allgaier: S. 54, 59, 74; © Archiv Burg Krakovec, Jiří Sobek: S. 3; © Archiv für Kunst und Geschichte, Berlin: S. 14/15, 34/35; © Archiv der Karls-Universität Prag: S. 28, 36; © Matej Bat'ha: S. 79; © Bethlehem-Kapelle: S. 26; © Immanuel Giel: S. 19, 90, 94; © Lothar Hülsmann: S. 10, 12, 13, 44, 45, 46/47, 49, 50, 52, 86, 104, 105; © Konzilstadt Konstanz: S. 1, 16, 60, 62; © Nationalbibliothek Prag: S. 92 (Nr. XVII_A_3_2TYNE0364R); © Nationalmuseum Prag: S. 31; © Prague City Tourism: S. 17, 23, 38; 85; © Rosgartenmuseum Konstanz: S. 8, 9, 64/65, 73; © Walter Rügert: S. 41, 55, 56/57, 75, 87, 106; © Ivan Speta: S. 101; © Stadtarchiv Konstanz: S. 99; © Stadt Konstanz: S. 102; © Stadt Tábor: S. 43, 81, 82, 83, 88; © Tschechoslowakische Hussitische Kirche: S. 96; © University of Oxford: S. 20.

Literatur

Althoff, Gerd: „Selig sind, die Verfolgung ausüben". Päpste und Gewalt im Hochmittelalter. Darmstadt 2013.

Augenzeuge des Konstanzer Konzils. Die Chronik des Ulrich Richental. Die Konstanzer Handschrift ins Neuhochdeutsche übersetzt von Monika Küble und Henry Gerlach. Mit einem Nachwort von Jürgen Klöckler. Darmstadt 2014.

Brandmüller, Walter: Das Konzil von Konstanz 1414–1418. Band 1: Bis zur Abreise Sigismunds nach Narbonne, Paderborn 1999, 2. Auflage.

Buck, Thomas Martin / Kraume, Herbert: Das Konstanzer Konzil. Kirchenpolitik, Weltgeschichte, Alltagsleben, Ostfildern 2013.

Grundler, Franz / Dorfner, Dominik: Hussen, Hymnen, Helden, Mythen. Auf den Spuren der Hussiten, Amberg 2005.

Hilsch, Peter: Johannes Hus. Prediger Gottes und Ketzer, Regensburg 1999.

Hülsmann, Lothar und Milada: Die hussitische Kulturroute. Unveröffentlichtes Manuskript.

Hus, Jan: Schriften zur Glaubensreform und Briefe der Jahre 1414–1415. Herausgegeben und eingeleitet von Walter Schamschula, Frankfurt am Main 1969.

Kaufmann, Thomas: Martin Luther, der Hussit. Badische Zeitung vom 26. 04. 2014.

Kejř, Jirí: Die Causa Johannes Hus und das Prozessrecht der Kirche, Regensburg 2005.

Krzenck Thomas: Johannes Hus. Theologe, Kirchenreformer, Märtyrer, Gleichen – Zürich 2011.

Liebl, Waltraut / Kopitzki, Siegmund (Hg.): Die Gans ist noch lange nicht gebraten. 600 Jahre Konstanzer Konzil – ein Lesebuch, Meßkirch 2014.

Magni: Geistliche Geschichte Böhmens und Mährens. In: Geschichtsreisen, Prag 2011, S. 7–36.

Rügert, Walter: Die Sonne des 19. Jahrhunderts lächelt. 150 Jahre Hussenstein. In: Konstanzer Almanach 2012, 58. Jg., S. 79.

Schelle, Klaus: Das Konstanzer Konzil 1414–1418. Eine Reichsstadt im Brennpunkt europäischer Politik, Konstanz 1996.

Schuster, Robert: Vor 90 Jahren wurde die Tschechoslowakische Hussitische Kirche gegründet. Radio Prag vom 12.06.2010.

Seibt, Ferdinand: Die hussitische Revolution als europäisches Modell. In: Jan Hus und die Hussiten in europäischen Aspekten, Trier 1987, S. 29–42.

Šmahel, František: Die hussitische Kommune von Tábor. In: Jan Hus und die Hussiten in europäischen Aspekten, Trier 1987, S. 9–28.

Šmahel, František: Die Hussitische Revolution. 3 Bände, Hannover 2002.

Soukup, Pavel: Jan Hus, Stuttgart 2014.

Walther, Helmut G.: Magister Jan Hus, 1370–1415. Sein Weg nach Konstanz. In: Johannes Hus in Konstanz, Festschrift zur

Einweihung des Hus-Hauses, Hg. von der Stadt Konstanz, 2. veränderte Auflage, Konstanz 1985, S. 27–73.

Endnoten

1 Peter Hilsch: Johannes Hus. Prediger Gottes und Ketzer, Regensburg 1999, S. 16.

2 Augenzeuge des Konstanzer Konzils. Die Chronik des Ulrich Richental. Die Konstanzer Handschrift ins Neuhochdeutsche übersetzt von Monika Küble und Henry Gerlach. Mit einem Nachwort von Jürgen Klöckler, Darmstadt 2014, S. 101.

3 Vgl. Thomas Martin Buck / Herbert Kraume: Das Konstanzer Konzil. Kirchenpolitik, Weltgeschichte, Alltagsleben, Ostfildern 2013, S. 103ff.

4 Vgl. Jiří Kejř: Die Causa Johannes Hus und das Prozessrecht der Kirche, Regensburg 2005, S. 186.

5 Vgl. Hilsch, S. 28ff.; Thomas Krzenck: Johannes Hus. Theologe, Kirchenreformer, Märtyrer, Gleichen, Zürich 2011, S. 19ff.

6 Krzenck, S. 21.

7 Vgl. Hilsch, S. 9ff. und S. 28ff.; Krzenck S. 6ff.

8 Vgl. Hilsch, S. .51; Krzenck S. 44ff.

9 Krzenck, S. 40

10 Hilsch, S. 45.

11 Vgl. Klaus Schelle: Das Konstanzer Konzil 1414–1418. Eine Reichsstadt im Brennpunkt europäischer Politik, Konstanz 1996, S. 22f.

12 Hilsch, S. 49.

13 Krzenck, S. 45.

14 Ebd. S. 46.

15 Helmut G. Walther: Magister Jan Hus, 1370–1415. Sein Weg nach Konstanz. In: Johannes Hus in Konstanz, Festschrift zur Einweihung des Hus-Hauses, Hg. von der Stadt Konstanz, 2. veränderte Auflage, Konstanz 1985, S. 39.

16 Hilsch, S. 66.

17 Ebd. S. 61.

18 Vgl. Pavel Soukup: Jan Hus, Stuttgart 2014, S. 24.

19 Vgl. Krzenck, S. 70ff. und Hilsch, S. 58ff.

20 Krzenck, S. 73.

21 Vgl. Hilsch, S. 22ff.

22 Vgl. Krzenck S. 64f.

23 Vgl. Soukup, S. 63; Hilsch S. 71ff.; Krzenck, S. 78ff.

24 Vgl. Soukop, S. 68f.

25 Ebd. S. 68f.

26 Vgl. Hilsch, S. 72.

27 Hilsch, S. 68.

28 Krzenck, S. 83.

29 Vgl. Hilsch, S. 84.

30 Vgl. Krzenck, S. 94.

31 Soukup, S. 89.

32 Hilsch, S. 100 und S. 147.

33 Vgl. Soukup, S. 25.

34 Vgl. Krzenck, S. 106.

35 Hilsch, S. 153.

36 Vgl. Krzenck, S. 112.

37 Vgl. Soukup, S. 109.

38 Ebd. S. 114.

39 Krzenck, S. 111.

40 Vgl. Soukup, S, 143f.

41 Ebd., S. 136.

42 Krzenck, S. 125.

43 Hilsch, S. 169.

44 Soukup, S. 159.

45 Ebd. S. 162ff.

46 Ebd. S. 165.

47 Jan Hus, De ecclesia.

48 Ebd.

49 Vgl. Soukup, S. 167.

50 Jan Hus, De ecclesia.

51 Ebd.

52 Soukup S. 172.

53 Ebd. S. 172.

54 Vgl. Kejř, S. 74f.

55 Ebd. S. 91.

56 Hilsch, S. 188.

57 Krzenck, S. 129.

58 Zitiert nach Krzenck, S. 130.

59 Vgl. Hilsch, S. 204f.

60 Vgl. Soukup, S. 177.

61 Vgl. ebd. S. 176.

62 Vgl. Hilsch, S. 238ff.

63 Vgl. Krzenck, S. 150.

64 Lothar und Milada Hülsmann: Die hussitische Kulturroute. Unveröffentlichtes Manuskript.

65 Jan Hus: Schriften zur Glaubensreform und Briefe der Jahre 1414–1415, Herausgegeben und eingeleitet von Walter Schamschula, Frankfurt am Main 1969, S. 109.

66 Ebd. S. 113.

67 Ebd. S. 110.

68 Vgl. Soukup, S. 189.

69 Ebd. S. 189.

70 Jan Hus, Schriften, S. 110.

71 Ebd. S. 107.

72 Kejř, S. 138.

73 Augenzeuge, S. 74.

74 Walter Brandmüller: Das Konzil von Konstanz 1414–1418, Band I, Paderborn, München, Wien, Zürich 1999, 2. überarbeitete und erweiterte Auflage, S. 332.

75 Buck / Kraume, S. 129.

76 Kejř, S. 13.

77 Brandmüller, S. 340.

78 Kejř, S. 159.

79 Hilsch, S. 267.

80 Ebd. S. 269.

81 Vgl. Brandmüller, S. 341.

82 Kejř, S. 156.

83 Vgl. Brandmüller, S. 350f.

84 Hilsch, S. 273.

85 Hus, Schriften, S. 152.

86 Vgl. Hilsch, S. 277.

87 Augenzeuge, S. 103ff.

88 Peter von Mladoniowitz, zit. nach Waltraut Liebl, Siegmund Kopitzki (Hg.): Die Gans ist noch lange nicht gebraten. 600 Jahre Konstanzer Konzil – ein Lesebuch, Meßkirch 2014, S. 93ff.

89 Zit. nach Brandmüller, S 351.

90 Vgl. Hilsch, S. 94f.

91 Ebd. S. 95.

92 Vgl.. Ebd. S. 165 und S. 92.

93 Buck / Kraume, S. 150.

94 Ebd. S. 151.

95 Augenzeuge, S. 107.

96 Soukup, S. 212.

97 František Šmahel: Die Hussitische Revolution. 3 Bände, Hannover 2002, S. 940ff.

98 Ferdinand Seibt: Die hussitische Revolution als europäisches Modell. In: Jan Hus und die Hussiten in europäischen Aspekten, Trier 1987, S. 40.

99 Šmahel, S. 960f.

100 Ebd. S. 987.

101 Ebd. S. 995.

102 Ebd. S. 1006.

103 Vgl. ebd. S. 1009ff.

104 Vgl. Seibt, S. 31f.

105 Vgl. Šmahel S. 1047f.

106 Šmahel S. 1055.

107 František Šmahel: Die hussitische Kommune von Tábor. In: Jan Hus und die Hussiten in europäischen Aspekten, Trier 1987, S. 20.

108 Vgl. Šmahel, Revolution, S. 1071.

109 Šmahel, Revolution, S. 1075.

110 Vgl. Šmahel, Revolution, S. 1094f.

111 Franz Grundler, Dominik Dorfner: Hussen, Hymnen, Helden, Mythen. Auf den Spuren der Hussiten, Amberg 2005, S. 19.

112 Ebd. S. 68.

113 Ebd. S. 24.

114 Zit. nach Thomas Kaufmann: Martin Luther, der Hussit. Badische Zeitung vom 26. 04. 2014.

115 Hilsch, S. 287.

116 Kaufmann.

117 Zit. nach Hilsch, S. 287.

118 Kaufmann.

119 Vgl. Krzenck, S. 188.

120 Zit. nach Soukup, S. 209.

121 Zit. nach Hilsch, S, 287.

122 Kaufmann.

123 Seibt, S. 41.

124 Vgl. Magni: Geistliche Geschichte Böhmens und Mährens. In: Geschichtsreisen, Prag 2011, S. 7ff.

125 Zitiert nach Robert Schuster: Vor 90 Jahren wurde die Tschechoslowakische Hussitische Kirche gegründet. Radio Prag vom 12. 06. 2010.

126 Krzenck, S. 188.

127 Hilsch, S. 289.

128 Vgl. zum Folgenden Walter Rügert: „Die Sonne des 19. Jahrhunderts lächelt. 150 Jahre Hussenstein. In: Konstanzer Almanach 2012, 58. Jg., S. 79f.

129 Vgl. Krzenck, S. 190.

130 Ebd. S. 191.

131 Hilsch, S. 292.

132 Krzenck, S. 193.

133 Ebd. S. 194.

134 Vgl. Hilsch, S. 296, und Krzenck, S. 195.

135 Gerd Althoff: „Selig sind, die Verfolgung ausüben“. Päpste und Gewalt im Hochmittelalter. Darmstadt 2013.

136 Brandmüller, S. 359.

137 Vgl. ebd. S. 357.

138 Kejř, S., 159.

139 Hilsch, S. 287f.